LERNEN ZU ZIEHEN
GRUNDKURS ZEICHNEN: von A bis Z

Copyright © Giuseppe Lombardi

www.fattidisegnare.com

Tutti i diritti riservati.
La violazione dei diritti riservati può comportare sanzioni legali e quindi se si vuole utilizzare il contenuto del libro protetto da diritti d'autore è necessario ottenere il permesso dall'autore o dal proprietario del copyright."

All rights reserved. Violation of reserved rights may result in legal sanctions, and therefore, if you wish to use the content of the book protected by copyright, it is necessary to obtain permission from the author or the copyright owner.

Todos los derechos reservados. La violación de los derechos reservados puede conllevar sanciones legales y, por lo tanto, si se desea utilizar el contenido del libro protegido por derechos de autor, es necesario obtener permiso del autor o del proprietario del copyright.

Tous droits réservés. La violation des droits réservés peut entraîner des sanctions légales et donc, si vous souhaitez utiliser le contenu du livre protégé par le droit d'auteur, il est nécessaire d'obtenir la permission de l'auteur ou du propriétaire du copyright.

Все права защищены. Нарушение защищенных прав может повлечь за собой юридические санкции, и поэтому, если вы хотите использовать содержание книги, защищенной авторским правом, необходимо получить разрешение от автора или владельца авторских прав.

LERNEN ZU ZIEHEN
GRUNDKURS ZEICHNEN: von A bis Z

INDEX

Intro _____ 5

Kapitel 1: Einführung in das Design _____ 6

1.1 Grundlegende Materialien
- Einführung in die Zeichenwerkzeuge: Bleistifte, Radiergummis, Bleistiftspitzer, Papier.
- Bedeutung von Körperhaltung und Beleuchtung.

1.2 Grundlinien und Formen _____ 8
- Übungen zum Zeichnen von geraden und gebogenen Linien.
- Zeichnen einfacher geometrischer Formen (Kreise, Quadrate, Dreiecke).

1.3 Handsteuerung _____ 11
- Präzisionsübungen: Schraffur und Schattierung.
- Entwurf von sich wiederholenden Formen zur Verbesserung der Kontrolle.

Kapitel 2: Beobachtung und Proportionen _____ 14

2.1 Aktive Beobachtung
- Lernen, Details zu beobachten.
- Übungen zum Lebenszeichnen: einfache Objekte.

2.2 Proportionen _____ 16
- Studium der Proportionen in den Grundformen.
- Übungen zum Messen und Umsetzen von Proportionen auf Papier.

2.3 Das Raster und die Methode der Quadrate_____20
   - Verwendung des Rasters zur Wahrung der Proportionen.
   - Übungen zum Transponieren eines Bildes mit Hilfe eines Gitters.

Kapitel 3: Licht und Schatten _____23
3.1 Theorie von Licht und Schatten
   - Wie Licht mit Objekten interagiert.
   - Arten von Schatten: eigene Schatten und mitgebrachte Schatten.

3.2 Schattierung von einfachen Formen _____25
   - Schattierungs- und Schraffierungstechniken.
   - Praktische Übungen zu geometrischen Formen.

3.3 Volumen und Tiefe _____28
   - Schaffung der Illusion von Dreidimensionalität.
   - Zeichnen von komplexen Objekten mit Licht und Schatten.

Kapitel 4: Perspektive _____32
4.1 Lineare Perspektive
   - Grundbegriffe der Perspektive (Fluchtpunkt, Horizontlinie).
   - Zeichnen von Formen in Ein-Punkt-Perspektive.

4.2 Zwei-Punkt-Perspektive_____34
   - Anwendung der Zwei-Punkt-Perspektive.
   - Zeichnen von komplexeren Objekten und Umgebungen.

4.3 Atmosphärische Perspektive _____39
   - Verwendung von Tonwerten zur Erzeugung von Tiefe.
   - Praktische Übungen mit Landschaften.

Kapitel 5: Zeichnen von Objekten und Stillleben _____43
5.1 Zeichnen von Alltagsgegenständen
  - Untersuchung von Texturen und Details.
  - Übungen zu Alltagsgegenständen.

5.2 Komposition eines Stillebens _____45
  - Komposition und Gleichgewicht der Elemente.
  - Zeichnung eines Stilllebens mit verschiedenen Gegenständen.

5.3 Farbe im Stillleben _____48
  - Einführung in Farben und Färbetechniken.
  - Verwendung von Farbe zur Verbesserung der Zeichnung.

Kapitel 6: Gestaltung des menschlichen Körpers _____49
6.1 Grundlegende Anatomie
  - Die Proportionen des menschlichen Körpers.
  - Zeichnung von stilisierten Figuren.

6.2 Untersuchung von Körperteilen_____57
  - Zeichnen von Händen, Füßen, Gesicht.
  - Praktische Übungen für jeden Teil des Körpers.

6.3 Bewegte Zahlen _____68
  - Zeichnen dynamischer Posen.
  - Untersuchung von Bewegung und Gleichgewicht.

Intro

Zeichnen ist eine Kunstform, die unsere Wahrnehmung der Welt verändern kann. Durch das Studium von Linien, Formen, Schatten und Proportionen lernen wir, unsere Umgebung sorgfältig zu beobachten und unsere Wahrnehmungen in visuelle Bilder umzusetzen. Jedes Kapitel dieses Buches wurde sorgfältig gegliedert, um einen bestimmten Aspekt des Zeichnens zu behandeln, beginnend mit den grundlegenden Werkzeugen und weiterführend mit anspruchsvolleren Techniken, wie Perspektive und Zeichnen des menschlichen Körpers.

Im ersten Kapitel tauchen Sie in die Erkundung grundlegender Materialien und Techniken ein. Als Nächstes werden Sie Übungen durchführen, die Ihnen helfen werden, Ihre Handbeherrschung zu verbessern und ein scharfes Auge für Proportionen und Details zu entwickeln. Im weiteren Verlauf des Buches werden Sie entdecken, wie Sie Volumen und Tiefe in Ihren Zeichnungen erzeugen und Licht und Schatten nutzen können, um Ihre Werke realistisch zu gestalten.

Tauchen Sie mit Neugier und Leidenschaft in diese kreative Reise ein, denn Sie wissen, dass jeder Strich, jede Linie und jeder Schatten einen Schritt auf Ihrem künstlerischen Weg darstellt.

Viel Spaß beim Lesen und Zeichnen!

Kapitel 1: Einführung in das Design

1.1 Materialien von der Basis

Einführung in die Zeichenwerkzeuge

Bleistifte

Bleistifte sind das wichtigste Werkzeug zum Zeichnen.

Es gibt verschiedene Abstufungen, die die Härte oder Weichheit des Bleis angeben:

- H (Hard) sind die harten Bleistifte (H, 2H, 3H, etc.), sie erzeugen leichtere, dünnere Linien und sind ideal für detaillierte Zeichnungen und leichte Leitlinien;

- B (Black) sind die weichen Bleistifte (B, 2B, 3B, etc.), die dunkle, gewollte Linien erzeugen und sich perfekt für Schattierungen und ausdrucksvollere

H (Hard)	B (Black)	HB
———— H	———— B	———— HB
———— 2H	———— 2B	
———— 3H	———— 3B	

Reifen

Radiergummis sind unerlässlich, um Fehler zu korrigieren und Lichteffekte zu erzeugen:

- Der normale Radiergummi ist ideal zum Löschen großer Flächen;

- Der Brotgummi ist sehr flexibel und eignet sich hervorragend zum sanften Entfernen von Graphit, ohne das Papier zu beschädigen.

Bleistiftspitzer

Ein guter Bleistiftspitzer hält die Bleistifte scharf und ermöglicht präzise und detaillierte Linien. Es gibt manuelle und elektrische Bleistiftanspitzer.

Papier

Die Wahl des Papiers kann einen großen Einfluss auf das Endergebnis haben:
- Skizzenpapier ist im Allgemeinen leichter, ideal für Vorzeichnungen;
- Das Zeichenpapier ist schwerer und hat eine Textur, die das Graphit besser hält, ideal für fertige Arbeiten.

Wichtigkeit von Körperhaltung und Beleuchtung

Körperhaltung

Eine gute Körperhaltung verhindert Schmerzen und Ermüdung beim Zeichnen. Hier sind einige Tipps:
- Richtiges Sitzen mit geradem Rücken, die Füße stehen auf dem Boden.
- Die Arme sollten entspannt sein und die Ellbogen auf einer Höhe mit dem Tisch liegen.

Beleuchtung

Eine gute Beleuchtung verringert die Ermüdung der Augen und verbessert die Sicht bei der Arbeit:
- Ideal ist natürliches Licht aus einem Fenster, vorzugsweise von der Seite der dominanten Hand, um Schatten auf dem Blatt zu vermeiden;
- Künstliches Licht von einer weißen Tischlampe, die so angebracht ist, dass sie keine störenden Reflexe oder Schatten erzeugt.

1.2 Linien und Formen der Basis

Dieser Abschnitt ist wichtig, um die Beherrschung der grundlegenden Linien und Formen zu entwickeln. Ständiges Üben dieser Übungen hilft Ihnen, Ihre Handkontrolle und Präzision zu verbessern, die für die nächsten Abschnitte unerlässlich sind.

Zeichenübungen für gerade Linien und Kurven

Gerade Linien

Das Zeichnen von geraden Linien mag einfach erscheinen, erfordert aber Handfertigkeit und Präzision.
Hier sind einige Übungen zum Üben.

- Parallele Linien

Zeichne mehrere parallele Linien und halten Sie dabei den gleichen Abstand zwischen ihnen ein.
Beginnen Sie mit kurzen Zeilen und steigern die Länge allmählich zu erhöhen.

- Linienraster

Erstellen Sie ein Raster, indem Sie horizontale und vertikale Linien zeichnen.
Diese Übung hilft Ihnen, Präzision und Kontrolle zu verbessern.

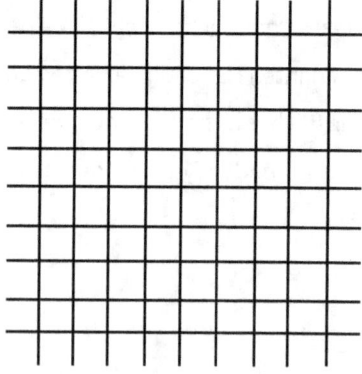

Geschwungene Linien

Gebogene Linien erfordern Flexibilität und fließende Bewegungen. Hier sind einige Übungen.

- Gewellte Linien

Er zeichnet Schlangenlinien, die aussehen 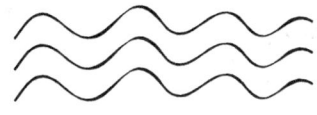 um einen konstanten Rhythmus und einen flüssigen Ablauf zu gewährleisten.

- Konzentrische Kreise

Zeichnen Sie konzentrische Kreise, beginnend mit einem kleinen Kreis in der Mitte, der immer größer wird die Größe der äußeren Kreise allmählich, versuchen Sie immer, den gleichen Abstand zu halten.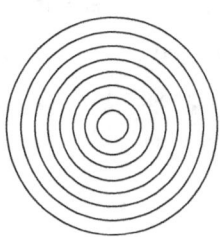

Zeichnen einfacher geometrischer Formen Kreise

Perfekte Kreise freihändig zu zeichnen kann schwierig sein, aber mit etwas Übung wird es einfacher.
Hier sind einige Vorschläge.

- Referenzpunkte

Zeichnen Sie leichte kreuzförmige Bezugspunkte, um die Symmetrie des Kreises beizubehalten.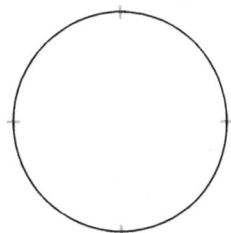

- Sanfte Bewegung

Zeichnen Sie den Kreis mit einer fließenden Bewegung des Handgelenks nach und halten Sie Ihre Hand dabei entspannt.

Quadrate

Quadrate erfordern Präzision und Kontrolle über gerade Linien. Hier erfahren Sie, wie Sie sie zeichnen.

- Verfolgen Sie die Seiten
Zeichnen Sie vier gleich lange Seiten
Halten Sie die Winkel bei 90 Grad.

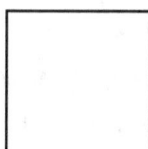

- Überprüfung der Symmetrie
Überprüfen Sie, ob alle Seiten gleich sind und die Ecken richtig sind, ggf. mit einem Lineal.

Dreiecke

Dreiecke eignen sich zum Üben des Zeichnens von geraden Linien und Winkeln. Hier erfahren Sie, wie Sie sie zeichnen.

- Gleichseitiges Dreieck
Zeichne ein gleichseitiges Dreieck mit drei Seiten gleicher Länge.
Beginnen Sie mit der Basis und zeichnen
Sie dann nach die beiden verbleibenden Seiten.

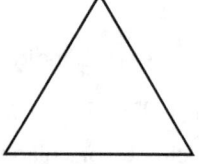

- Gleichschenkliges Dreieck
Zeichnen Sie ein gleichschenkliges Dreieck mit zwei Seiten gleicher Länge. Die Basis wird eine andere sein.

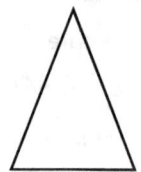

1.3 Kontrolle der Hand

Diese Übungen sind entscheidend für die Entwicklung von Handkontrolle, Präzision und Flüssigkeit beim Zeichnen. Durch regelmäßiges Üben verbessern Sie Ihre Fähigkeit, präzise Linien und Schatten zu erzeugen, die für den Übergang zu fortgeschritteneren Zeichentechniken unerlässlich sind.

Präzisionsübungen: Schraffur und Schattierung
Schraffur
Die Schraffur ist eine grundlegende Technik beim Zeichnen, um Textur und Schatten zu erzeugen. Hier sind einige Übungen, um sie zu üben.

- Lineare Schraffur
Zeichnen Sie eine Reihe paralleler Linien um ein homogenes Gebiet zu schaffen. Die Linien sollten eng und einheitlich sein.

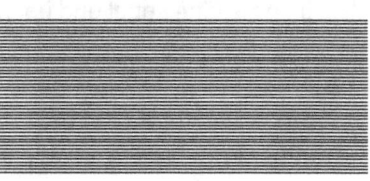

- Kreuzschraffur
Überschneidungsreihen von
parallelen Linien
die sich kreuzen, um einen dunkleren Schatten zu erzeugen. Sie können verschiedene Winkel verwenden, um den Effekt zu verstärken.

- Wellenschraffur
Zeichnen Sie parallele Wellenlinien für einen weicheren Schattierungseffekt. Mit dieser Technik lassen sich organische Texturen erzeugen.

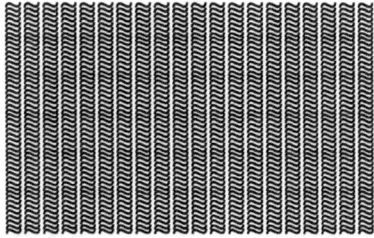

Schattierung

Schattierungen verleihen Zeichnungen Tiefe und Volumen. Hier sind einige Übungen.

- Schattenverlauf

Zeichnen Sie ein Rechteck und erstellen Sie ein sanfter Farbverlauf von Schwarz nach Weiß mit einer Schraffurtechnik oder Nuance.

- Eine Kugel schattieren

Zeichnen Sie eine Kugel und üben Sie Schattierung, um die Illusion zu erzeugen der Dreidimensionalität.
Identifizieren Sie die Lichtquelle und zeichnen Sie eigene Schatten und gebrachte Schatten.

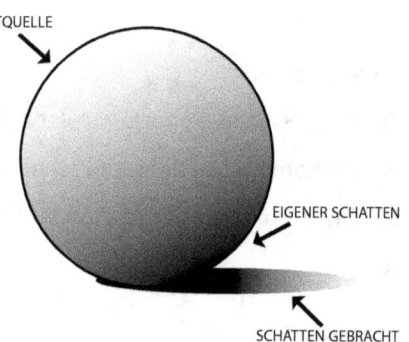

Zeichnen Sie sich wiederholende

Formen, um die Kontrolle zu verbessern

Das Zeichnen sich wiederholender Formen ist eine großartige Übung zur Verbesserung der Handkontrolle und Genauigkeit.

- Spiralen

Zeichnen Sie konzentrische Spiralen und halten Sie dabei fest ein gleichmäßiger Abstand zwischen den Linien.
Diese Übung hilft bei der Entwicklung die Fließfähigkeit der Bewegung.

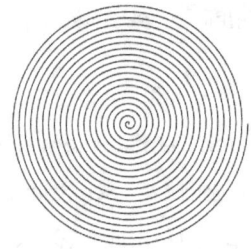

- Geometrische Motive

Zeichnen Sie ein Raster und füllen Sie jedes aus Quadrat mit einem sich wiederholenden geometris wie Kreise, Dreiecke oder Quadrate.

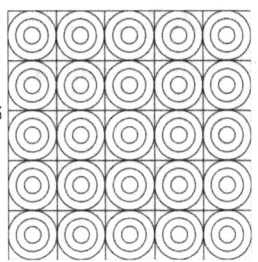

- Zeichnen von Ellipsen

Zeichnen Sie eine Reihe verschiedener Ellipsen Abmessungen, Beibehaltung einer Form symmetrisch und ein konstanter Abstand zwischen ihnen.

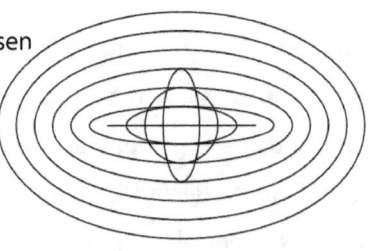

- Parallele Wellen

Zeichnen Sie parallele Wellenlinien, einen gleichmäßigen Abstand einhalten zwischen den Zeilen.

Diese Übung hilft bei der Entwicklung Kontrolle und Koordination.

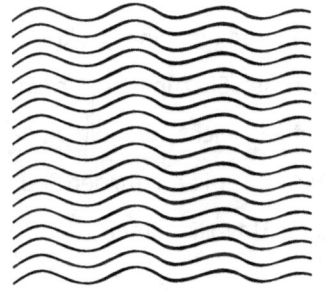

Kapitel 2: Beobachtung und Proportionen

2.1 Aktive Beobachtung

Aktive Beobachtung ist eine entscheidende Fähigkeit zur Verbesserung der Zeichenfähigkeiten. Wenn Sie lernen, Details genau zu sehen und zu interpretieren, können Sie das, was Sie sehen, mit größerer Genauigkeit wiedergeben.

Lernen Sie, Details zu beobachten

- Analysieren Sie die Form und Struktur

Beobachten Sie zunächst sorgfältig die Gesamtform des Objekts. Versuchen Sie, die grundlegenden geometrischen Formen zu identifizieren, aus denen es besteht (Kreise, Rechtecke, Dreiecke).

Übung: Nehmen Sie eine Frucht, zum Beispiel einen Apfel, und versuchen Sie, geometrische Formen zu visualisieren die seine Struktur ausmachen.

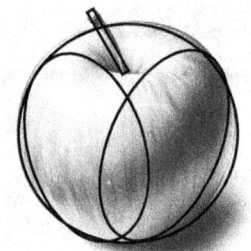

1. Zeichnen Sie zunächst die Grundform der Frucht (ein leicht unregelmäßiger Kreis usw.).
2. Fügen Sie die Adern, den Stiel und das hinzu etwaige Unvollkommenheiten an der Oberfläche.

- Beachten Sie die Proportionen

Studieren Sie die relativen Proportionen zwischen den Teilen des Objekts. Beachten Sie beispielsweise, wie sich die Abmessungen eines Teils auf ein anderes beziehen.

Übung: Schauen Sie sich eine Kaffeetasse an und achten Sie auf die Proportionen zwischen Höhe und Breite, zwischen Henkel und Tassenkörper.

1. Zeichnen Sie ein Oval zur Darstellung Oberkante der Tasse.
2. Fügen Sie vertikale Linien für die Seiten hinzu und ein weiteres Oval für die Basis.
3. Zeichnen Sie den Griff und schauen Sie genau hin seine Form und wo es mit der Tasse verbunden ist.

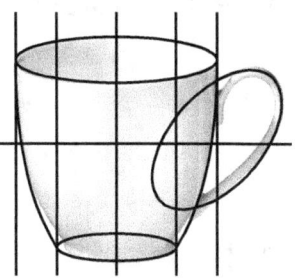

- Beachten Sie die Details

Nachdem Sie die grundlegenden Formen und Proportionen skizziert haben, ist es wichtig, dass Sie Ihre Aufmerksamkeit auf die kleineren Details wie Texturen, Schatten und Reflexionen richten.

Übung: Nehmen Sie ein Blatt und studieren Sie die Adern, Kanten und Farbvariationen.

1. Zeichnen Sie zunächst die Grundform des Blattes.
Achten Sie dabei sorgfältig auf die Konturen.
2. Fügen Sie die Hauptrippe hinzu und die Nebenrippen.

Übungen zum Aktzeichnen verbessern nicht nur die technischen Fähigkeiten, sondern auch die Fähigkeit, die Welt genauer zu sehen und zu interpretieren. Durch regelmäßiges Üben lernen Sie, Details zu beobachten und zu erfassen, die Ihnen sonst entgehen würden.

2.2 Die Proportionen

Studium der Proportionen in Grundformen

Um realistische und ausgewogene Zeichnungen zu erstellen, ist es wichtig, Proportionen zu verstehen und zu respektieren. Das Seitenverhältnis bezieht sich auf die relative Größe von Teilen eines Objekts im Verhältnis zum Ganzen. Durch praktische Mess- und Transpositionsübungen lernen Sie, die relativen Größen von Objekten zu erkennen und genau darzustellen. Diese Fähigkeiten sind für alle Arten des Zeichnens, vom Porträt bis zur Landschaft, unerlässlich und bilden eine solide Grundlage für die folgenden Schritte.

Proportionen in geometrischen Formen
- Kreis

Ein Kreis hat in allen Richtungen ein einheitliches Seitenverhältnis, was bedeutet, dass der Durchmesser immer gleich ist, egal wo Sie ihn messen.
Übung: Zeichnen Sie einen Kreis und überprüfen Sie seine Proportionen, indem Sie den Durchmesser in verschiedenen Richtungen mit dem Lineal messen.

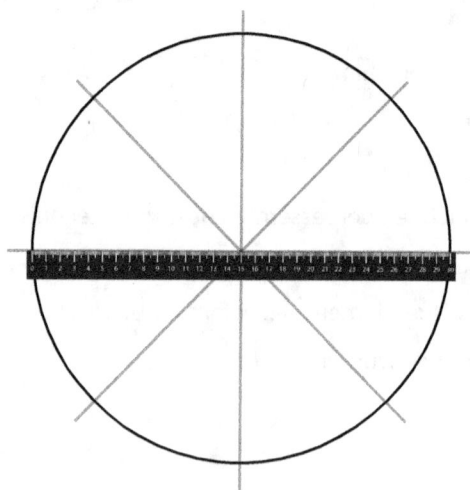

- Rechteck

Ein Rechteck hat zwei Hauptdimensionen: Länge und Breite.

Das Seitenverhältnis bezieht sich auf die Beziehung zwischen diesen beiden Dimensionen.

Übung: Zeichnen Sie Rechtecke mit unterschiedlichen Seitenverhältnissen (z. B. 1:2, 2:3, 3:4).

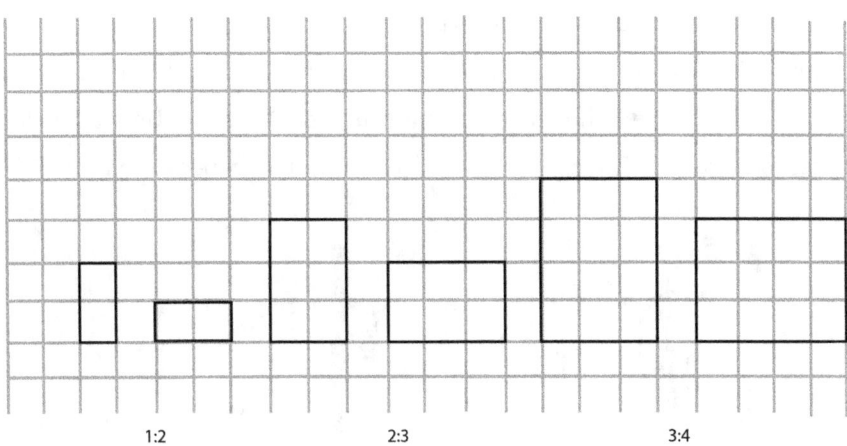

- Dreieck

Die Proportionen eines Dreiecks hängen von der Länge seiner Seiten ab.
In gleichseitigen Dreiecken alle Seiten sie haben die gleiche Länge.
In gleichschenkligen Dreiecken sind zwei Seiten gleich, während im ungleichseitigen Dreieck, Alle Seiten sind unterschiedlich.
Übung: Zeichnen Sie verschiedene Arten von Dreiecken und studieren Sie die Proportionen zwischen ihren Seiten.

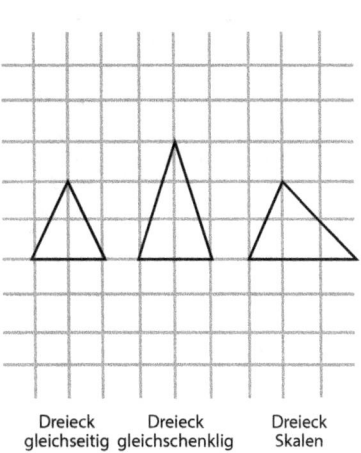

Übungen zum Messen und Umsetzen von Proportionen auf Papier

- Messung mit Bleistift

Messen Sie die Proportionen mit einem Bleistift ab. Halten Sie den Stift auf Armlänge, schließen Sie ein Auge und richten Sie die Spitze des Stifts an der Oberseite des Objekts aus. Markieren Sie mit dem Daumen die Basis des Objekts auf dem Bleistift. Dadurch erhalten Sie eine Referenzmessung.

Übung: Nehmen Sie einen einfachen Gegenstand, zum Beispiel eine Flasche, und messen Sie die Höhe und Breite mit dem Bleistift (Abb.1). Übertragen Sie diese Maße auf das Papier, um die richtigen Proportionen beizubehalten (Abb. 2).

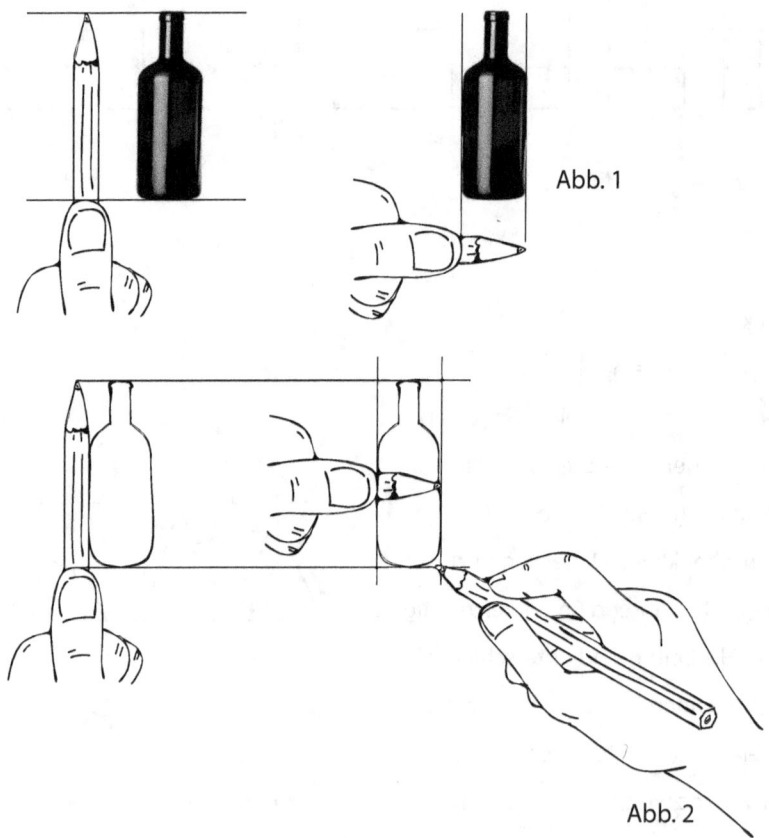

Abb. 1

Abb. 2

- Visueller Vergleich

Verwenden Sie Teile des Objekts als Maßeinheiten für andere Teile des Objekts. Beachten Sie beispielsweise, wie oft die Breite eines Objekts seiner Höhe entspricht.

Übung: Beobachten Sie ein komplexes Objekt, beispielsweise einen Stuhl. Beachten Sie, wie oft die Höhe der Rückenlehne in die Gesamthöhe des Stuhls passt (Abb. 1).

Zeichnen Sie den Stuhl unter Beibehaltung dieser Proportionen (Abb. 2).

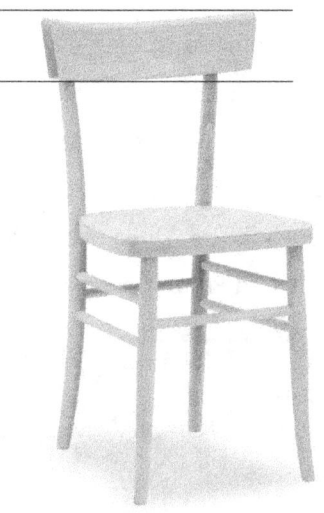

Abb.1

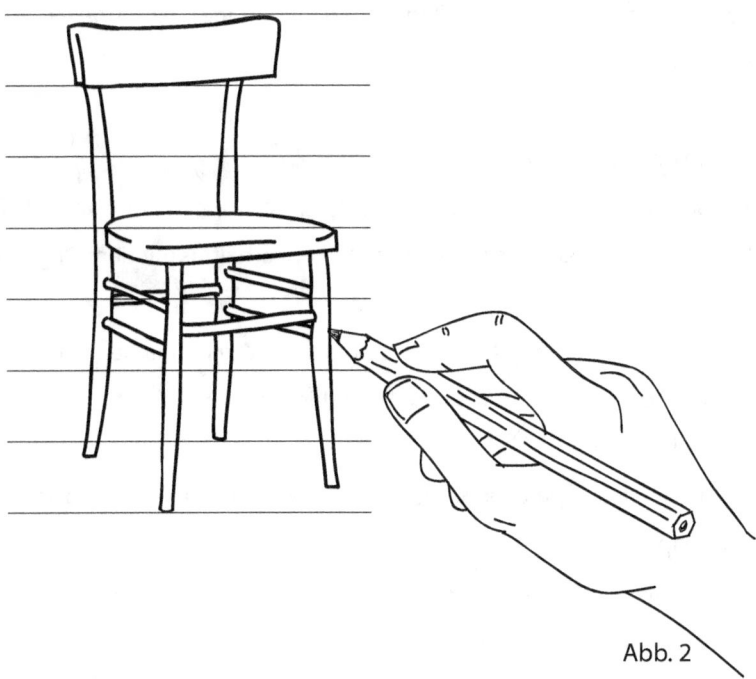

Abb. 2

2.3 Das Raster und die Quadratmethode

Verwenden des Rasters zur Beibehaltung des Seitenverhältnisses

Die Rastermethode ist eine effektive Technik zur genauen Übertragung des Seitenverhältnisses eines Bildes. Dabei werden das Originalbild und das Zeichenpapier in eine Reihe gleicher Quadrate unterteilt und diese Gitter als Orientierung für die Übertragung des Bildes auf das Papier verwendet.

Durch regelmäßiges Üben dieser Methode entwickeln Sie ein schärferes Auge für Details und Proportionen, was Ihnen dabei hilft, sich in allen Formen des Zeichnens zu verbessern.

Schritte zum Erstellen und Verwenden eines Rasters

- Bildvorbereitung

1. Wählen Sie ein Bild zum Abspielen aus.

2. Zeichnen Sie ein Raster auf das Originalbild. Sie können einen hellen Stift verwenden.

(Abb.1).

- Vorbereitung des Zeichenblattes

1. Zeichnen Sie ein entsprechendes Raster auf Ihr Zeichenpapier und achten Sie darauf, dass die Anzahl der Quadrate und das Seitenverhältnis mit dem Originalbild übereinstimmen (Abb. 2).

2. Zeichnen Sie mit einem Bleistift das Raster auf das Zeichenpapier, damit Sie die Linien nach Abschluss der Zeichnung leicht löschen können.

- Bildtransposition

1. Vergleichen Sie die entsprechenden Quadrate zwischen dem Originalbild und dem Zeichenpapier.

2. Zeichnen Sie, was Sie in jedem Quadrat sehen, und achten Sie dabei auf Details und Proportionen (Abb. 3).

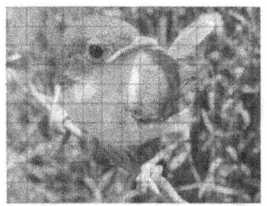 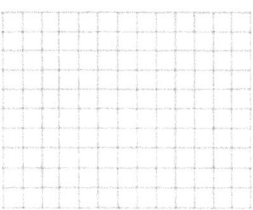 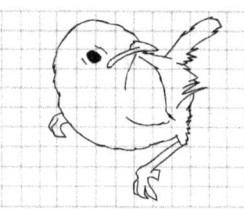

Abb. 1   Abb. 2   Abb. 3

Übungen zum Transponieren eines Bildes mithilfe eines Rasters

Einfaches Porträt

- Wählen Sie das Bild

1. Wählen Sie ein einfaches Porträt eines menschlichen Gesichts aus.

2. Zeichnen Sie ein Raster auf das Originalbild (z. B. 1 cm x 1 cm im Quadrat) (Abb. 1).

- Bereiten Sie das Zeichenpapier vor

1. Zeichnen Sie ein entsprechendes Raster auf dem Zeichenblock. Stellen Sie immer sicher, dass die Quadrate die gleiche Größe und Anzahl wie das Originalbild haben (Abb.2).

- Transponieren Sie das Bild

1. Beginnen Sie, das Bild Quadrat für Quadrat zu kopieren und achten Sie dabei auf die Linien und Details in jedem Quadrat.

2. Vervollständigen Sie die Zeichnung und stellen Sie sicher, dass die Proportionen korrekt sind (Abb. 3).

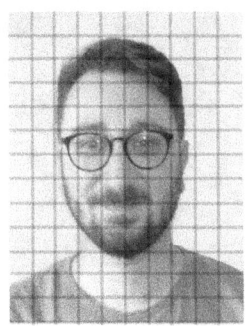  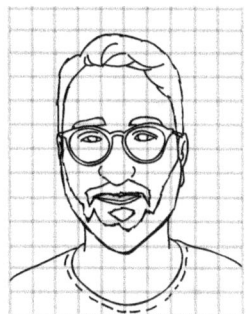

Abb.1   Abb. 2   Abb. 3

Landschaft

- Wählen Sie das Bild

1. Wählen Sie eine einfache Landschaft aus, beispielsweise eine Berg- oder Landszene.

2. Zeichnen Sie ein Raster auf das Originalbild (z. B. ein Quadrat von 2 cm x 2 cm) (Abb. 1).

- Bereiten Sie das Zeichenpapier vor

1. Zeichnen Sie auf Ihrem Zeichenpapier ein entsprechendes Raster im gleichen Maßstab wie das Originalbild (Abb.2).

- Transponieren Sie das Bild

1. Kopieren Sie die Landschaft Quadrat für Quadrat und achten Sie dabei sorgfältig auf die Position von Linien, Formen und Details.

2. Vervollständigen Sie die Zeichnung, indem Sie die Gesamtproportionen überprüfen (Abb. 3).

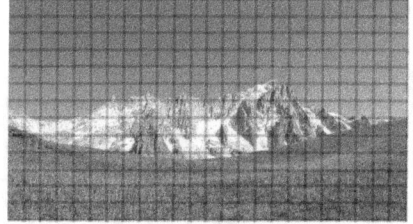
Abb. 1

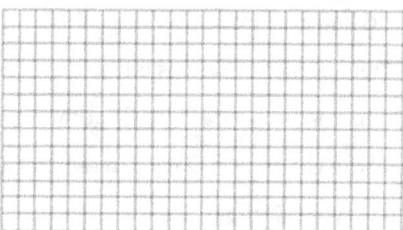
Abb. 2

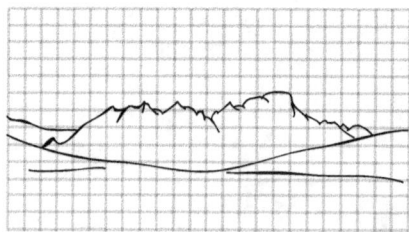
Abb. 3

Kapitel 3: Lichter und Schatten

3.1 Theorie von Licht und Schatten

Das Verständnis der Theorie von Licht und Schatten ist für die Erstellung realistischer und eindrucksvoller Zeichnungen von entscheidender Bedeutung. Dieser Teil konzentriert sich auf die grundlegenden Konzepte im Zusammenhang mit Licht und Schatten und wie sie sich auf Objekte auswirken.

Mit einem gründlichen Verständnis der Licht- und Schattentheorie können Künstler ihre Zeichnungen lebendiger und dreidimensionaler gestalten und ihnen so Tiefe und Realismus verleihen.

Wie Licht mit Objekten interagiert

- Lichtquellen

Licht kann aus verschiedenen Quellen stammen, beispielsweise der Sonne, einer Lampe oder einer Kerze. Jede Quelle hat eine andere Intensität und Richtung, was sich auf das Erscheinungsbild von Schatten auswirkt.

- Reflexion und Absorption

Wenn Licht auf ein Objekt trifft, kann es reflektiert, absorbiert oder durchgelassen werden. Undurchsichtige Objekte absorbieren Licht und erzeugen Schatten, während transparente Objekte Licht durchlassen können.

Reflexion, Absorption und Transmission von Licht sind grundlegende Konzepte, die die visuelle Wahrnehmung stark beeinflussen.

- Lichtrichtung

Die Richtung des Lichts bestimmt die Platzierung von Schatten und Lichtern auf einem Objekt. Von vorne gerichtetes Licht kann weniger sichtbare Schatten erzeugen, während aus einem seitlichen Winkel einfallendes Licht definiertere Schatten erzeugen kann.

Arten von Schatten: eigene Schatten und mitgebrachte Schatten

- Eigene Schatten

Es werden eigene Schatten erzeugt vom Objekt selbst, wenn das Licht ist blockiert oder teilweise blockiert vom Objekt selbst.
Eigene Schatten können variieren in der Intensität, abhängig von der Helligkeit der Lichtquelle und dem Kontrast zwischen dem Objekt und die Oberfläche, auf die sie projiziert werden.

- Schatten gebracht

Die mitgebrachten Schatten entstehen wenn das Licht durch das Objekt blockiert wird und wirft einen Schatten auf eine OberflächeUmgebung.
Die mitgebrachten Schatten können mehr sein je nach Entfernung lang oder kürzer zwischen dem Objekt und der Oberfläche, auf die sie projiziert werden.

3.2 Einfache Formen schattieren

Schattierungs- und Schraffurtechniken

Die Fähigkeit, einfache Formen zu schattieren, ist wichtig, um Ihren Designs ein Gefühl von Tiefe und Volumen zu verleihen. Dieser Teil konzentriert sich auf Schattierungs- und Schraffurtechniken, mit denen geometrische Formen realistische Schattierungen hinzugefügt werden können.
Regelmäßiges Üben dieser Techniken an geometrischen Formen wird eine solide Grundlage für die zukünftige Schattierung komplexerer Objekte bilden.

Schattierung und Schraffur

- Gleichmäßiges Gefälle
Diese Technik beinhaltet die Anwendung
gleichmäßige Grautöne über eine Fläche für
einen sanften Übergangseffekt erzeugen
vom Licht zum Schatten.
Verwenden Sie einen weichen Bleistift oder
Stock aus Graphit, um bereichsweise dunklere
Töne aufzutragen in Schatten und helleren
Tönen in beleuchteten Bereichen.

- Punktverlauf
Diese Technik beinhaltet die Anwendung von
eine Reihe kleiner Punkte zum Erstellen
ein allmählicher Mischeffekt.
Variieren Sie die Stichdichte für
einen mehr oder weniger intensiven Schatten
erzeugen.

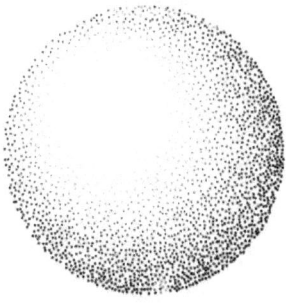

- Lineare Luke

Diese Technik beinhaltet die Anwendung von parallele oder gekreuzte Linien zu erstellen Schatten und Texturen.

Variieren Sie die Länge, Dicke und die Ausrichtung der zu erhaltenden Linien verschiedene Effekte.

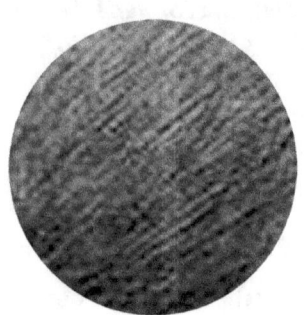

Praktische Übungen zu geometrischen Formen

- Einen Würfel beschatten

1. Zeichnen Sie einen Würfel auf ein Blatt Papier (Abb. 1).
2. Verwenden Sie Schattierungs- und/oder Schraffurtechniken, um einen realistischen Schattierungseffekt auf dem Würfel zu erzeugen (Abb. 2).
3. Konzentrieren Sie sich darauf, schattige und hervorgehobene Bereiche zu identifizieren und die Schattierungstechniken entsprechend anzuwenden.

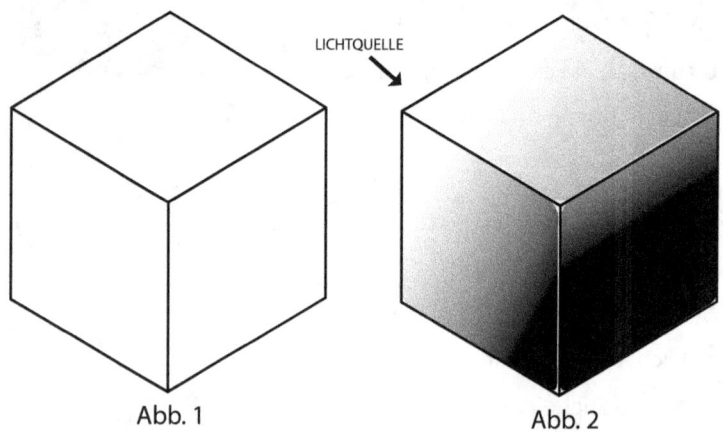

Abb. 1　　　　　　　　　　Abb. 2

Eine Kugel schattieren

1. Zeichnen Sie eine Kugel auf ein Blatt Papier (Abb.1).

2. Verwenden Sie Schattierungs- und/oder Schraffurtechniken, um einen Effekt zu erzielen

realistische Schattierung auf der Kugel (Abb.2).

3. Berücksichtigen Sie die Richtung des Lichts und fokussieren Sie die Schattierung an Stellen, an denen das Licht nicht direkt auftrifft.

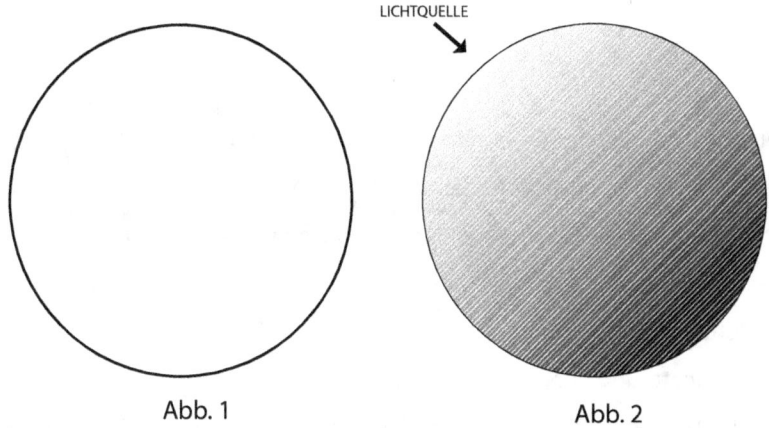

Abb. 1　　　　　　　　Abb. 2

3.3 Volumen und Tiefe

Erzeugen Sie die Illusion von Dreidimensionalität

Um Zeichnungen realistischer zu gestalten und ihnen Tiefe zu verleihen, ist es wichtig zu verstehen, wie man die Illusion von Dreidimensionalität erzeugt. Mit Licht- und Schattentechniken.

Grundprinzipien

- Hell-Dunkel

Chiaroscuro ist die Technik, bei der Licht und Schatten verwendet werden, um Formen zu definieren. Hervorgehobene und schattierte Bereiche erzeugen Kontraste und lassen Objekte dreidimensional erscheinen.

- Tonabstufung

Unter Tonabstufung versteht man den allmählichen Übergang zwischen Licht und Schatten. Diese Technik ist unerlässlich, um gekrümmte Oberflächen zu erzeugen und Volumen darzustellen.

- Aussicht

Lineare und Luftperspektive tragen dazu bei, die Illusion von Tiefe im Raum zu erzeugen. Die lineare Perspektive basiert auf der Verwendung verschwindender Linien, während die Luftperspektive wechselnde Töne und Farben verwendet, um Distanz zu suggerieren.

Praktische Übungen

- Würfel

Ein Würfel kann als Quadrat mit einem Trapez darüber gezeichnet werden, um den Eindruck von Tiefe zu vermitteln. Zeichnen Sie einen Würfel und schattieren Sie ihn mit Hell-Dunkel. Identifizieren Sie die Lichtquelle und wenden Sie gleichmäßige Schatten für jede Seite des Würfels an.

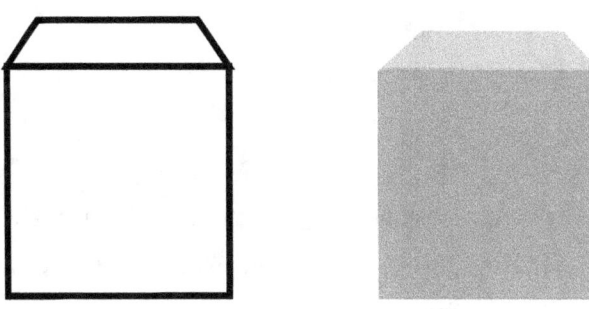

- Kugel

Eine Kugel wird wie ein einfacher Kreis gezeichnet. Zeichnen Sie eine Kugel und üben Sie die Tonwertabstufung, um realistische Schattierungen zu erzeugen.

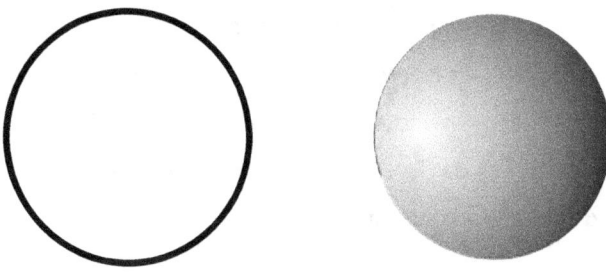

Komplexe Objekte mit Licht und Schatten zeichnen

Komplexe Objekte

Sobald Sie ein gutes Verständnis für einfache Formen haben, können Sie sich komplexeren Objekten zuwenden. Der Schlüssel zum Zeichnen komplexer Objekte besteht darin, sie in einfachere geometrische Formen zu zerlegen und dieselben Licht- und Schattentechniken anzuwenden.

- Wählen Sie ein komplexes Objekt wie eine Tasse oder eine Flasche und wenden Sie Hell-Dunkel- und Tonabstufungstechniken an.

Schritte zum Zeichnen komplexer Objekte

- Analyse von Grundformen

Identifizieren Sie die grundlegenden geometrischen Formen, aus denen das komplexe Objekt besteht. Beispielsweise kann eine Tasse in einen Zylinder und einen Ring unterteilt werden
(der Griff) (Abb. 1).

- Skizze der Grundformen

Zeichnen Sie eine einfache Skizze der Grundformen, um die Struktur des Objekts zu definieren (Abb. 2).

- Anwendung von Schatten

Identifizieren Sie die Lichtquelle und wenden Sie gleichmäßige Schatten auf jeden Teil des Objekts an. Verwenden Sie Hell-Dunkel-Techniken und Tonabstufungen, um Schatten realistisch zu gestalten. Fügen Sie Details und den letzten Schliff hinzu, um das Design zu vervollständigen. Achten Sie darauf, wie sich Licht und Schatten auf kleinste Details auswirken (Abb. 3).

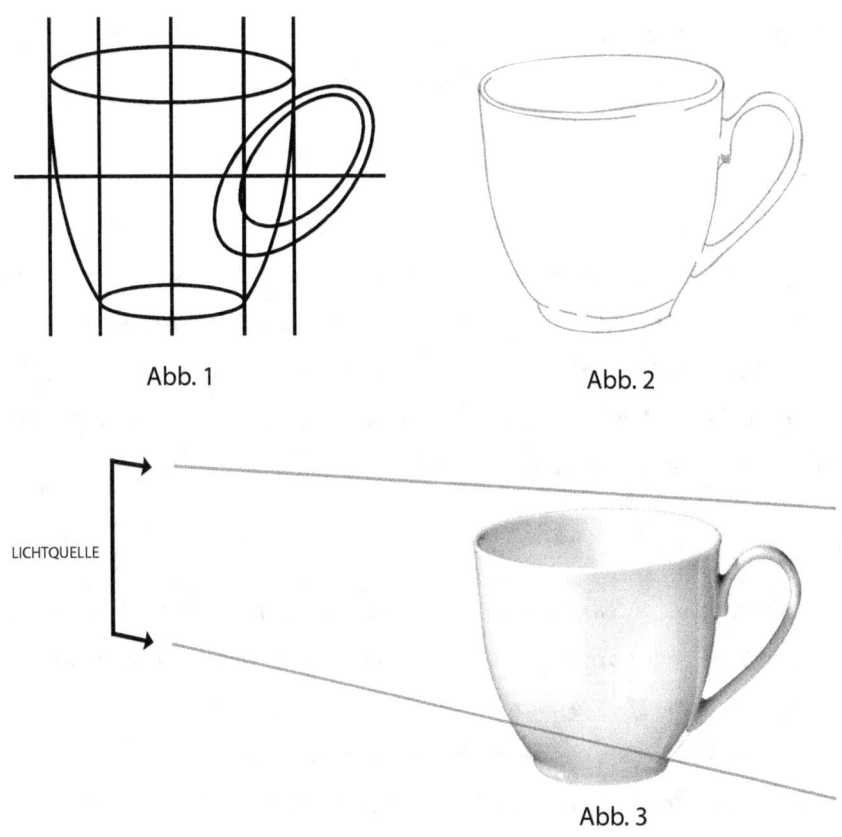

Abb. 1

Abb. 2

LICHTQUELLE

Abb. 3

Kapitel 4: Perspektive

4.1 Lineare Perspektive

Grundbegriffe der Perspektive (Fluchtpunkt, Horizontlinie)

- Fluchtpunkt

Der Fluchtpunkt ist ein entscheidendes Konzept in der linearen Perspektive. In einer perspektivischen Zeichnung scheinen parallele Linien, die sich in den Raum erstrecken, in einem Punkt zusammenzulaufen, der als Fluchtpunkt bezeichnet wird. Dieser Punkt repräsentiert den Standpunkt des Betrachters oder die ferne Unendlichkeit, auf die die Linien zeigen. In der Ein-Punkt-Perspektive gibt es einen einzelnen Fluchtpunkt auf einer imaginären Horizontlinie.

- Horizontlinie

Die Horizontlinie ist eine imaginäre Linie, die das Auge des Betrachters bzw. die Augenhöhe des Betrachters darstellt. In einer perspektivischen Zeichnung kreuzt diese Linie normalerweise horizontal das Bild. Die Position der Horizontlinie bestimmt den Punkt, von dem aus der Betrachter die Szene betrachtet.

In der Einpunktperspektive verläuft die Horizontlinie parallel zur Grundebene und wird normalerweise auf Augenhöhe des Betrachters gezeichnet.

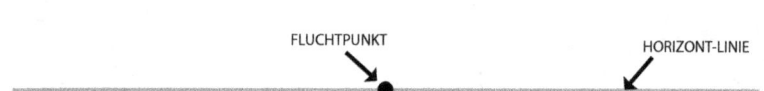

Ich zeichne Formen in der Perspektive

Formen in der Einpunktperspektive zu zeichnen bedeutet, dreidimensionale Objekte auf einer zweidimensionalen Oberfläche unter Verwendung eines gemeinsamen Fluchtpunkts darzustellen. Diese Art der Perspektive wird häufig verwendet, um Zeichnungen und Gemälden ein Gefühl von Tiefe zu verleihen. Beim Zeichnen von Formen in der Einpunktperspektive laufen die Linien zum Fluchtpunkt hin zusammen.

Ein klassisches Beispiel für das Ein-Punkt-Perspektivzeichnen ist das Zeichnen eines Würfels, bei dem alle Linien am Fluchtpunkt beginnen.

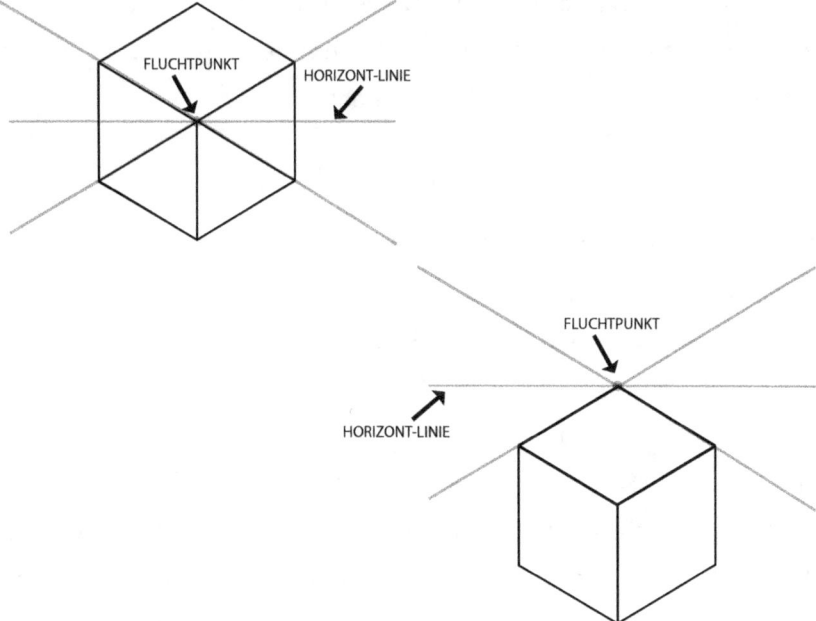

Durch die Kombination dieser Konzepte können Sie realistische Designs erstellen, die auf einer ebenen Fläche die Illusion von Tiefe und Raum vermitteln. Dies ist ein grundlegender Aspekt in der Kunst der Illustration, des Architekturzeichnens und der räumlichen Darstellung im Allgemeinen.

4.2 Zwei-Punkte-Perspektive

Die Zweipunktperspektive ist eine grundlegende Zeichentechnik, mit der Sie dreidimensionale Objekte und Umgebungen auf einer zweidimensionalen Oberfläche darstellen und so ein Gefühl von Tiefe und Realismus erzeugen können. In diesem Teil befassen wir uns mit der praktischen Anwendung der Zweipunktperspektive und lernen, wie man komplexere Objekte und detailliertere Umgebungen zeichnet.

Anwendung der Zwei-Punkte-Perspektive

Die Zwei-Punkte-Perspektive basiert auf zwei Fluchtpunkten am Horizont. Diese Fluchtpunkte werden verwendet, um alle Linien zu zeichnen, die zum Horizont führen, wodurch eine Illusion von Tiefe entsteht.

- Horizontlinie
Diese Linie stellt die Augenhöhe des Betrachters dar.
- Fluchtpunkte
Zwei Punkte auf der Horizontlinie, an denen alle parallelen Linien zusammenlaufen.

Schritt 1: Zeichnen Sie die Horizontlinie und die Fluchtpunkte
Zeichnen Sie zunächst eine horizontale Linie (Horizontlinie) auf das Papier. Platzieren Sie drei Fluchtpunkte auf dieser Linie, einen in der Mitte, einen links und einen rechts, und zeichnen Sie drei Linien vertikal, die über die drei Fluchtpunkte verlaufen.

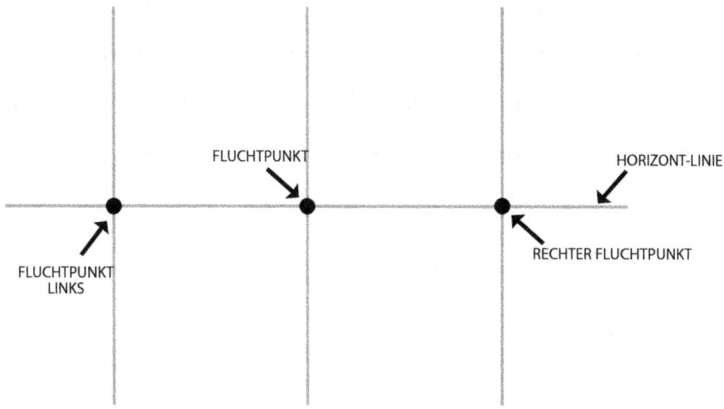

Schritt 2: Richtlinien zeichnen

Zeichnen Sie Hilfslinien vom zentralen Fluchtpunkt zu den vertikalen Linien der beiden Fluchtpunkte, sowohl nach oben als auch nach unten.

Zeichnen Sie dann zwei Linien von den beiden Fluchtpunkten (rechts und links), die zur vertikalen Linie des zentralen Fluchtpunkts zusammenlaufen.

Diese Linien definieren die Größe und Form des Objekts.

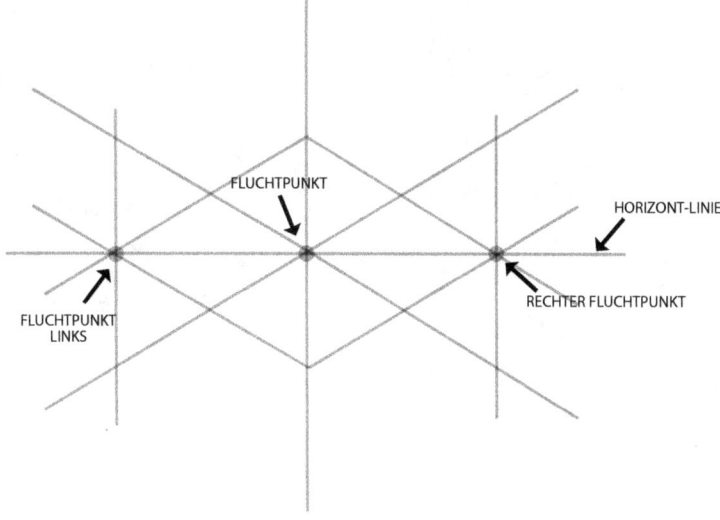

Schritt 3: Erstellen Sie das Objekt

Verwenden Sie Hilfslinien, um die Umrisse des Objekts zu zeichnen.

Die horizontalen Linien des Objekts laufen in Richtung eines der Fluchtpunkte zusammen, während die vertikalen Linien parallel zueinander bleiben.

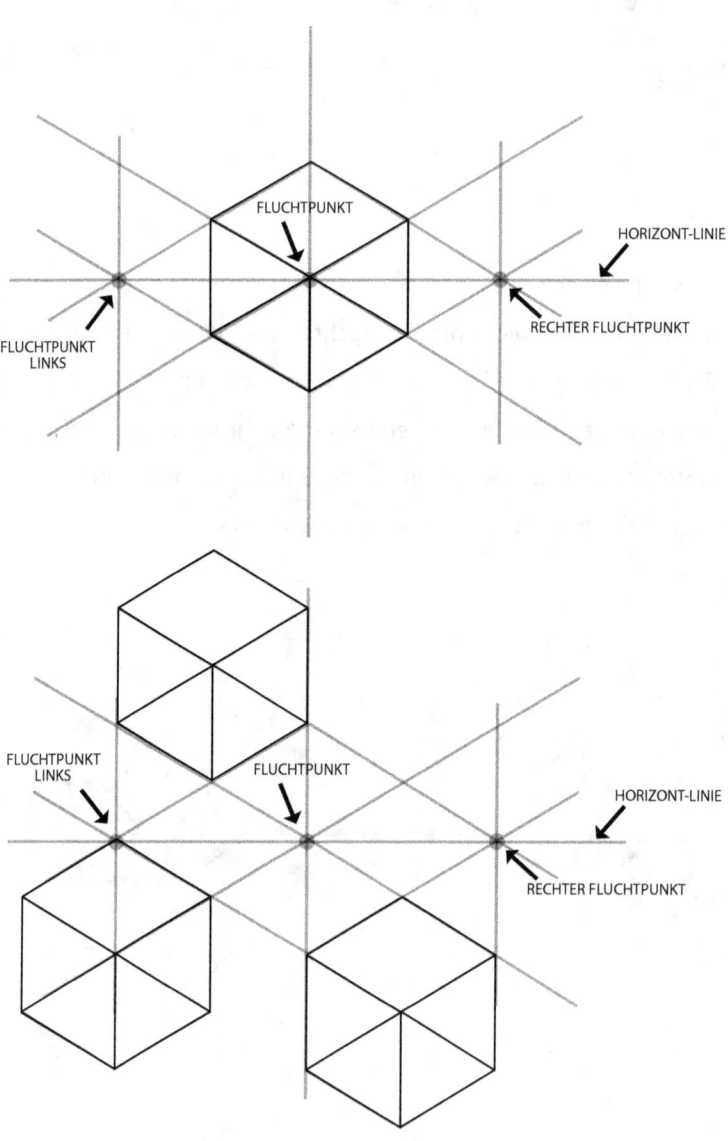

Zeichnen komplexer Objekte und Umgebungen

Zeichne ein Gebäude

1. Gebäudesockel: Zeichnen Sie den Gebäudesockel als Rechteck, das zu den Fluchtpunkten hin zusammenläuft.

2. Details hinzufügen: Zeichnen Sie Fenster, Türen und andere Details und achten Sie darauf, dass alle horizontalen und vertikalen Linien richtig zusammenlaufen.

3. Dachperspektive: Zeichnen Sie für das Dach zusätzliche Hilfslinien, die zu den Fluchtpunkten hin zusammenlaufen, um die Illusion von Tiefe zu erzeugen.

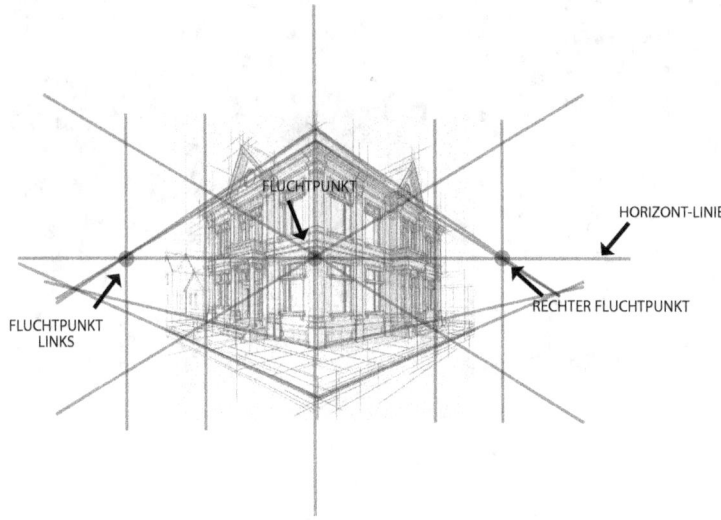

Erstellen Sie eine vollständige Umgebung

1. Allgemeiner Umriss: Zeichnen Sie einen allgemeinen Umriss der Umgebung, beispielsweise eine Straße mit Gebäuden auf beiden Seiten.
Alle Elemente müssen den Regeln der Fluchtpunktperspektive und der Zweipunktperspektive folgen.

2. Details hinzufügen: Fügen Sie Details wie Bäume, Straßenlaternen und Menschen hinzu. Stellen Sie sicher, dass alle Elemente die Fluchtpunkte berücksichtigen.

3. Lichter und Schatten: Fügen Sie Lichter und Schatten hinzu, um den Realismus der Szene zu erhöhen.

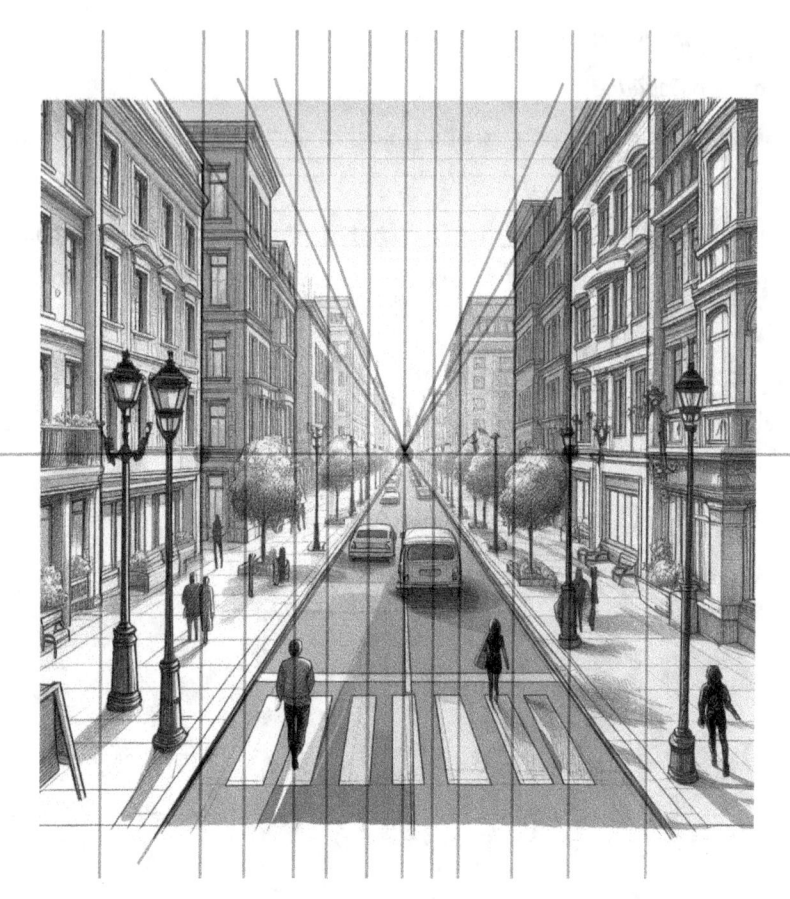

4.3 Atmosphärische Perspektive

Die atmosphärische Perspektive oder Luftperspektive ist eine Technik, die verwendet wird, um in Zeichnungen und Gemälden die Illusion von Tiefe und Distanz zu erzeugen.

Diese Technik basiert auf der Beobachtung, dass entfernte Objekte aufgrund der Wirkung der Atmosphäre weniger scharf und eher blau oder grau erscheinen.

Wir untersuchen, wie Sie Tonwerte nutzen, um Ihren Zeichnungen Tiefe zu verleihen, wobei der Schwerpunkt auf praktischen Übungen mit Landschaften liegt.

Mit Tonwerten Tiefe erzeugen

- Tonwerte: Hellere Werte stellen beleuchtete Bereiche dar, während dunklere Werte Schattenbereiche darstellen. In der atmosphärischen Perspektive haben nähere Objekte einen größeren Tonumfang und stärkere Kontraste, während weiter entfernte Objekte heller und kontrastreicher erscheinen.

- Unschärfe und Schärfe: Nahe Objekte sind detaillierter und schärfer, während entfernte Objekte unschärfer sind. Dieser Effekt wird durch die Reduzierung von Details und die Abschwächung der Kanten entfernter Objekte erreicht.

- Farben und Sättigung: Bei der atmosphärischen Perspektive geht es nicht nur um Tonwerte, sondern auch um Farben. Nahe Objekte haben gesättigtere und lebendigere Farben, während entfernte Objekte entsättigter erscheinen und zu Blau oder Grau tendieren.

Dieses Phänomen wird durch die Lichtstreuung in der Atmosphäre verursacht.

Praktische Übungen mit Landschaften

Um die atmosphärische Perspektive vollständig zu verstehen, ist es hilfreich, mit Landschaften zu üben, bei denen der Effekt besonders deutlich ist.

Übung 1: Gebirgslandschaft

- Vorbereitung

Machen Sie ein Referenzfoto einer bergigen Landschaft, vorzugsweise mit mehreren Etagen der Tiefe (zum Beispiel eine Reihe von Bergen, die ja weg bis zum Horizont).

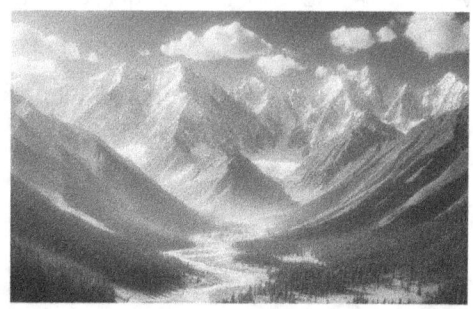

- Erste Skizze

Machen Sie eine kurze Skizze der Umrisse Hauptmerkmale der Landschaft. Machen Sie sich keine Gedanken über die Details in diesem Stadium.

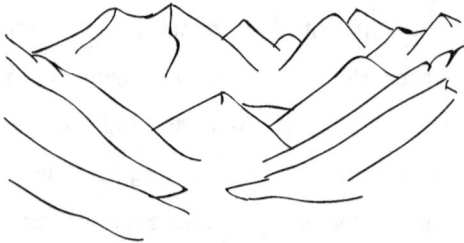

- Tonwerte

Verwenden Sie eine Graustufe um die Tonwerte zu definieren. Die nächsten Berge Sie sollten den Tonwert haben dunklere und schärfere Details. Die entferntesten Berge

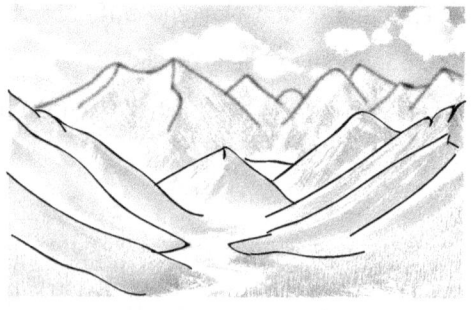

sie sollten klarer sein und weniger detailliert.

- Unschärfe und Schärfe
Verwischt die Ränder leicht
der fernen Berge für
Erzeugen Sie den Distanzeffekt.
Behalten Sie die Konturen bei
scharfe nahegelegene Berge
und detailliert.

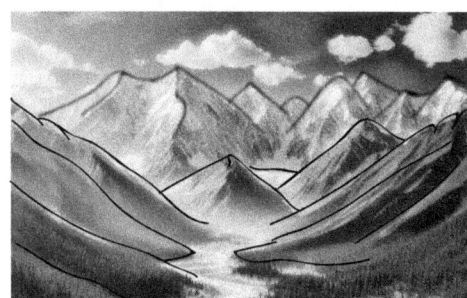

- Färbung (falls zutreffend)
Verwenden Sie für eine Farbzeichnung gesättigtere Farben für die nahegelegenen Berge.
Reduzieren Sie die Sättigung und fügen Sie für die entfernten Berge einen Blau- oder Grauton hinzu.

Übung 2: Stadtlandschaft
- Vorbereitung
Wählen Sie ein Foto von aus
Referenz einer Landschaft
städtisch mit verschiedenen
Gebäuden, die bis zum Horizont
ausdehnen.

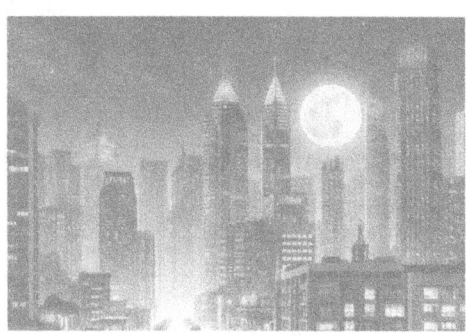

- Erste Skizze
Zeichnen Sie die Hauptkonturen
von Gebäuden.
Konzentrieren Sie sich auf
allgemeine Zusammensetzung.

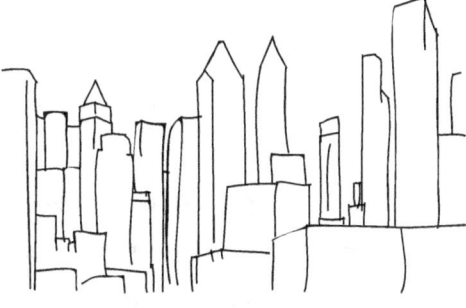

- Tonwerte

In der Nähe befindliche Gebäude sollten haben dunklere Schatten und Lichter heller.

Weit entfernte Gebäude werden eine haben durchschnittlicher Tonwert, mit weniger Kontrast.

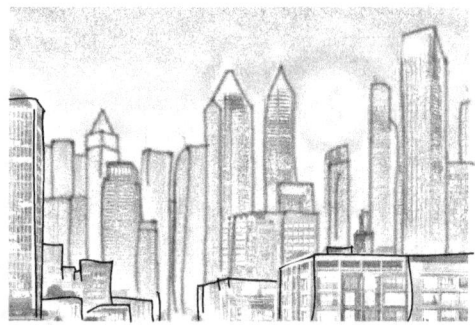

- Unschärfe und Schärfe

Verwischt sie leicht Gebäude in der Ferne.

Detailliert die Gebäude in der Nähe mit Präzision.

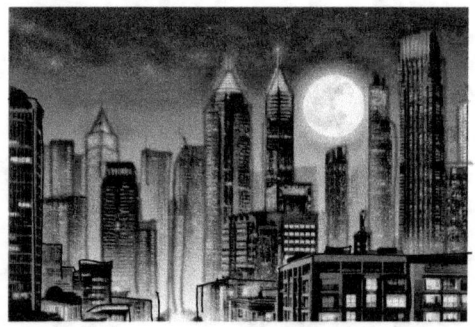

- Färbung (falls zutreffend)

Verwenden Sie helle Farben für nahegelegene Gebäude.

Entsättigen Sie die Farben und fügen Sie den entfernten Gebäuden einen etwas dunkleren Ton hinzu.

Praktische Ratschläge

Direkte Beobachtung

Verbringen Sie Zeit damit, echte Landschaften zu beobachten. Beachten Sie, wie sich die Farben und Details mit der Entfernung ändern.

Experimentieren

Haben Sie keine Angst, mit verschiedenen Techniken und Werkzeugen zu experimentieren. Probieren Sie verschiedene Kombinationen von Tonwerten und Farben aus, um herauszufinden, was am besten funktioniert.

Kapitel 5: Zeichnen von Objekten und Stillleben

5.1 Zeichnen von Alltagsgegenständen

Das Zeichnen von Objekten und Stillleben stellt eine wichtige Disziplin in der bildenden Kunst dar, die sich auf die genaue Darstellung unbelebter Objekte und Kompositionen natürlicher Elemente oder Artefakte konzentriert. Dieser Teil ist dem Zeichnen von Alltagsgegenständen gewidmet, konzentriert sich auf die Analyse der Texturen und Details alltäglicher Gegenstände sowie auf die Durchführung praktischer Übungen zur Entwicklung technischer Fähigkeiten.

Studium von Texturen und Details

Texturen sind die Oberflächeneigenschaften von Objekten, die bestimmen, wie sie aussehen und wie sie mit Licht interagieren. Beim Zeichnen von Alltagsgegenständen lernen Sie, eine breite Palette von Texturen zu beobachten und darzustellen, darunter Metall, Keramik, Stoff, Holz, Papier, Kunststoff und andere Materialien. Um zu verstehen, wie diese Texturen gezeichnet werden, sind detaillierte Beobachtungsfähigkeiten und die Beherrschung der Zeichentechniken erforderlich, um Oberflächenunterschiede realistisch darzustellen.

Zu den Details gehören neben Texturen auch spezifische Elemente wie Reflexionen, Falten, Risse, Kratzer, Abnutzung und andere einzigartige Eigenschaften von Objekten. Die Liebe zum Detail ist entscheidend, um Objekte in der Zeichnung überzeugend und realistisch darzustellen.

Übungen zu Alltagsgegenständen

Praktische Übungen können mehrere Methoden umfassen.

- Direkte Beobachtung

Beobachten Sie die Objekte um Sie herum sorgfältig und achten Sie nicht nur auf ihre allgemeine Form, sondern auch auf ihre winzigen Merkmale.

- Studium von Licht und Schatten

Üben Sie das Zeichnen von Objekten unter verschiedenen Lichtquellen, um zu verstehen, wie sich die Beleuchtung auf die Wahrnehmung von Textur und Details auswirkt.

- Texturanalyse

Die Übungen können sich auf bestimmte Objekte konzentrieren, um zu erlernen, wie man mit Bleistift, Kohle, Pastell oder anderen Zeichentechniken verschiedene Texturen zeichnet und wiedergibt.

- Künstlerische Komposition

Erstellen Sie Kompositionen aus Alltagsgegenständen, die nicht nur zeichnerische Fähigkeiten trainieren, sondern auch einen künstlerischen ästhetischen Wert haben, indem Sie die Ausgewogenheit, Anordnung und Interaktion der Objekte in der Komposition berücksichtigen.

Bedeutung der Bewegung

Diese Übungen tragen nicht nur zur Entwicklung technischer Zeichenfähigkeiten bei, sondern verbessern auch die Fähigkeit, die physikalischen Eigenschaften von Objekten zu beobachten und zu verstehen. Das Zeichnen von Alltagsgegenständen und Stillleben dient auch als Grundlage für das Erlernen grundlegender künstlerischer Techniken und bereitet Sie auf die Bewältigung komplexerer Herausforderungen in der Porträt-, Landschafts- und Konzeptkunst vor.

5.2 Komposition eines Stilllebens

Ein Stillleben ist eine Art Gemälde, Zeichnung oder Fotografie, die unbelebte Objekte wie Früchte, Blumen, Haushaltsgegenstände und andere Alltagsgegenstände darstellt. Hier sind einige Schlüsselkonzepte.

Zusammensetzung und Ausgewogenheit der Elemente

Zusammensetzung

Unter Komposition versteht man die Anordnung der Objekte innerhalb des Gemäldes. Ein guter Komponist eines Stilllebens versucht, den Blick des Betrachters auf interessante und sinnvolle Weise durch das Gemälde zu leiten. Zu den gängigen Kompositionsprinzipien gehören:

- Schwerpunkt

Ein Schwerpunkt kann ein Hauptobjekt oder ein Bereich sein, der sofort Aufmerksamkeit erregt. Durch die Platzierung des Schwerpunkts an einem strategischen Punkt kann die Komposition dynamischer gestaltet werden.

- Drittelregel

Durch die Unterteilung des Bildes in horizontale und vertikale Drittel und die Platzierung wichtiger Elemente entlang dieser Linien oder an deren Schnittpunkten kann ein visuelles Gleichgewicht geschaffen werden.

- Gleichgewicht

Balance bezieht sich auf die visuelle Gewichtsverteilung von Objekten innerhalb des Bildes. Es gibt zwei Hauptarten des Gleichgewichts.

Im symmetrischen Gleichgewicht sind die Gegenstände symmetrisch um eine Mittelachse angeordnet, wodurch ein Gefühl von Stabilität und Ruhe entsteht.

Beim asymmetrischen Gleichgewicht sind die Objekte nicht symmetrisch angeordnet, aber das visuelle Gewicht ist gleichmäßig verteilt, wodurch ein dynamisches und interessantes Gleichgewicht entsteht.

Ausbalancierung der Elemente

Unter Elementbalance versteht man die visuelle Verteilung von Objekten, sodass kein Teil des Bildes schwer oder leer erscheint. Es gibt verschiedene Möglichkeiten, eine Komposition auszubalancieren.

Sie können Kontraste in Farbe, Form, Größe oder Licht und Schatten verwenden, um Objekte im Bild auszugleichen.

Sich wiederholende Formen, Farben oder Muster können ein Gefühl von Zusammenhalt erzeugen und das Bild ausbalancieren. Das Anordnen von Objekten so, dass einige stärker hervorgehoben werden als andere, kann dazu beitragen, eine visuelle Hierarchie zu etablieren und die Komposition auszugleichen.

Zeichnung eines Stilllebens mit verschiedenen Objekten

Beim Zeichnen eines Stilllebens ist Folgendes zu beachten:

- Auswahl von Objekten

Die Auswahl interessanter und abwechslungsreicher Objekte kann die Komposition bereichern.

Objekte können symbolische oder ästhetische Bedeutung haben.

- Anordnung von Objekten

Wenn Sie mit verschiedenen Anordnungen von Objekten experimentieren, bevor Sie mit dem Zeichnen beginnen, können Sie die effektivste Komposition finden.

- Licht und Schatten

Das Management von Licht und Schatten ist entscheidend, um Objekte dreidimensional und realistisch zu gestalten. Es trägt dazu bei, dem Bild Atmosphäre und Tiefe zu verleihen.

- Materialien und künstlerische Techniken

Die Auswahl der richtigen Materialien und Techniken hängt vom gewünschten Ergebnis ab. Beispielsweise können Bleistifte, Buntstifte, Wasserfarben oder Mischtechniken verwendet werden, um unterschiedliche visuelle Effekte zu erzielen.

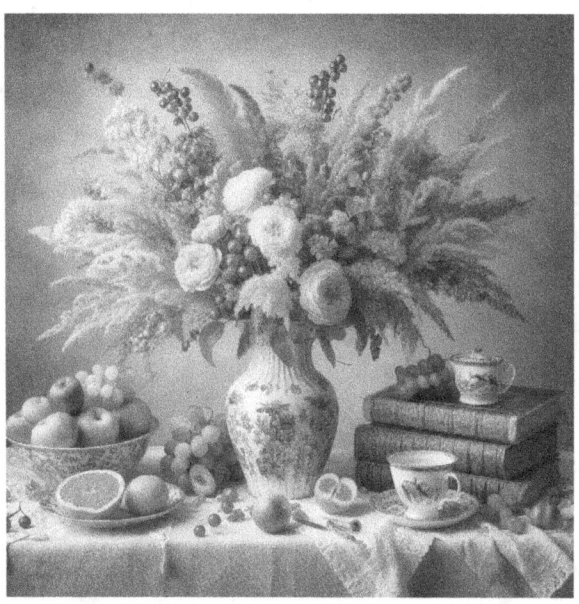

Zusammenfassend geht es bei der Komposition eines Stilllebens nicht nur um die Anordnung der Objekte, sondern auch um deren visuelle Beziehung, das Gleichgewicht der Elemente und den kreativen Einsatz von Licht und Schatten. Diese Prinzipien tragen dazu bei, eine alltägliche Szene in ein bedeutungsvolles und ästhetisch ansprechendes Kunstwerk zu verwandeln.

5.3 Farbe im Stillleben

Der Einsatz von Farbe ist bei der Darstellung von Stillleben sehr wichtig. Farbe spielt im Stillleben eine entscheidende Rolle, da sie dem künstlerischen Werk Tiefe, Realismus und Emotion verleihen kann.

Einführung in Farben und Färbetechniken

Die Farbtheorie ist wichtig, um zu verstehen, wie Pigmente und Farbkombinationen funktionieren und wie sie in der visuellen Darstellung interagieren. Künstler müssen die Konzepte von Farbton, Sättigung, Helligkeit und dem Farbkreis verstehen, um eine ausgewogene und harmonische Palette zu erstellen.

Die Farbtechniken können je nach gewünschtem Effekt von zarten Farbtönen bis hin zu kräftigeren, lebendigeren Anwendungen reichen.

Mit Farbe das Zeichnen verbessern

Mit Farbe können Formen betont, Kontraste erzeugt, Tiefe suggeriert und Emotionen vermittelt werden. Beispielsweise können warme Farben wie Rot und Orange Ihrem Stillleben Wärme und Lebendigkeit verleihen, während kühle Töne wie Blau und Grün ein Gefühl von Frische und Ruhe vermitteln können. Darüber hinaus kann eine sorgfältige Auswahl und Platzierung der Farben das Auge des Betrachters durch die Komposition leiten und ein Gefühl der visuellen Ausgewogenheit erzeugen.

Die Verbesserung des Zeichnens durch Farbe erfordert Übung und Experimente, um effektive Ergebnisse zu erzielen.

Künstler müssen Licht und Schatten, Perspektive und die Größe von Objekten berücksichtigen, um Farben realistisch und überzeugend aufzutragen. Der geschickte Einsatz von Farbe kann ein einfaches Stillleben in ein lebendiges und ansprechendes Kunstwerk verwandeln.

Kapitel 6: Zeichnen des menschlichen Körpers

6.1 Grundlegende Anatomie

In diesem Abschnitt werden zwei entscheidende Punkte für eine erfolgreiche Darstellung des menschlichen Körpers behandelt: korrekte anatomische Proportionen und das Zeichnen stilisierter Figuren.

Proportionen des menschlichen Körpers

Die Proportionen des menschlichen Körpers sind von grundlegender Bedeutung für die Erstellung realistischer und glaubwürdiger Zeichnungen. Künstler müssen verstehen, wie verschiedene Teile des menschlichen Körpers hinsichtlich Größe und Verhältnis zueinander in Beziehung stehen, da dies das Gesamterscheinungsbild einer Figur beeinflusst. Beispielsweise wird der menschliche Kopf häufig als Maßeinheit zur Bestimmung der Proportionen des gesamten Körpers verwendet. Die Kenntnis der richtigen anatomischen Proportionen hilft Künstlern, Verzerrungen zu vermeiden und Figuren realistischer zu gestalten.

Die Proportionen des menschlichen Körpers sind ein wichtiges Thema in der Anatomie und Kunst. Dieses Konzept wurde im Laufe der Geschichte von mehreren Künstlern, Wissenschaftlern, Ärzten und Anatomen untersucht, um den menschlichen Körper in künstlerischen Werken genau darzustellen oder die Struktur und Funktionsweise des menschlichen Körpers besser zu verstehen.

Eines der bekanntesten und am häufigsten verwendeten Maße zur Bestimmung der Proportionen des menschlichen Körpers ist der sogenannte „Kanon" von Vitruv. Der vitruvianische Mensch von Leonardo da Vinci repräsentiert den Kanon der perfekten Proportionen des Menschen nach den Schriften des römischen Architekten Vitruv. Laut Vitruv gibt es bestimmte Verhältnisse und ideale Maße, um die richtigen Proportionen des menschlichen Körpers zu ermitteln. Leonardo da Vinci stützte sich auf diese Proportionskanons und schuf seine berühmte Zeichnung, die den menschlichen Körper in einen Kreis und ein Quadrat einschreibt und so die Zentralität des Menschen als Maß aller Dinge symbolisiert.

Die Zeichnung zeigt den menschlichen Körper in zentraler Position, mit ausgestreckten Armen und Beinen, eingeschrieben in eine perfekte geometrische Figur, die die Harmonie der vitruvianischen Proportionen darstellt.

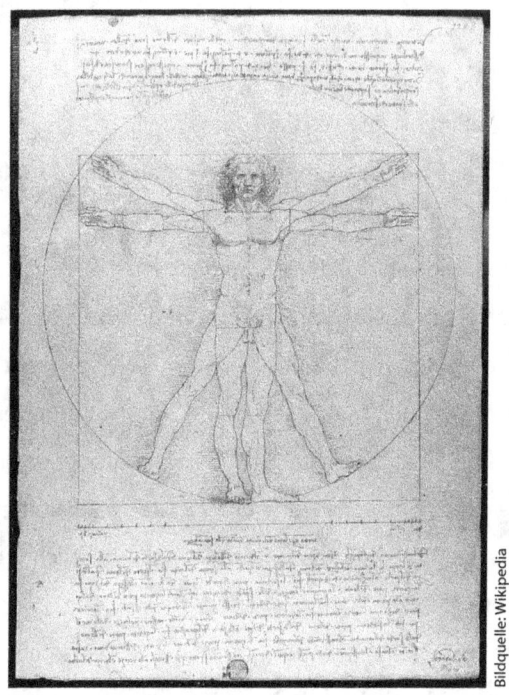

Bildquelle: Wikipedia

Andere Ansätze zur Bestimmung der Proportionen des menschlichen Körpers umfassen die Verwendung relativer Maße, beispielsweise des Kopfes als Maßeinheit für den gesamten Körper. Nach dieser Methode ist ein durchschnittlicher Mensch etwa sieben bis acht Köpfe groß.

Die Proportionen des menschlichen Körpers variieren von Person zu Person aufgrund von Faktoren wie Alter, Geschlecht, Genetik und ethnischer Herkunft. Es gibt jedoch einige allgemeine Proportionen, die als ästhetisch ansprechend und harmonisch gelten. Beispielsweise beträgt die Schulterbreite in der Regel etwa das Doppelte der Hüftbreite und die Beinlänge oft etwa die Hälfte der Gesamtgröße.

Schritt-für-Schritt-Zeichnung eines menschlichen Körpers im Verhältnis

Das Proportionalzeichnen eines menschlichen Körpers kann durch die Verwendung des Kopfes als Maßeinheit erleichtert werden. Diese Methode ist sehr nützlich, um sicherzustellen, dass die verschiedenen Körperteile zueinander in einem angemessenen Verhältnis stehen.

Schritte zum Zeichnen eines weiblichen Körpers

Kopf und Wirbelsäule

1. Zeichnen Sie ein Oval für den Kopf.
2. Zeichnen Sie eine vertikale Linie, die von unten
nach unten verläuft Kopf zur Darstellung der Wirbelsäule.

Schultern und Brust

1. Zeichnen Sie ungefähr eine horizontale Linie
zwei Köpfe schulterbreit auseinander.
2. Zeichnen Sie ein Oval, um die Brust darzustellen.

Nabel und Becken

1. Zeichnen Sie etwa drei Meter lang eine horizontale Linie
Köpfe vom Scheitel bis zum Nabel.
2. Zeichnen Sie ein ungefähr breites Oval unter der Brust
eineinhalb Köpfe für das Becken.

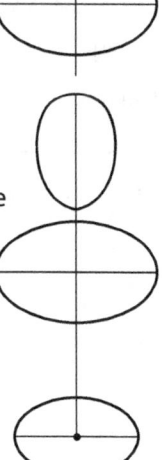

Arm

1. Zeichnen Sie die ausgestreckten Arme nach oben
etwa dreieinhalb Köpfe von der Schulter entfernt.

2. Die Hände sollten lang sein
etwa die Hälfte des Kopfes.

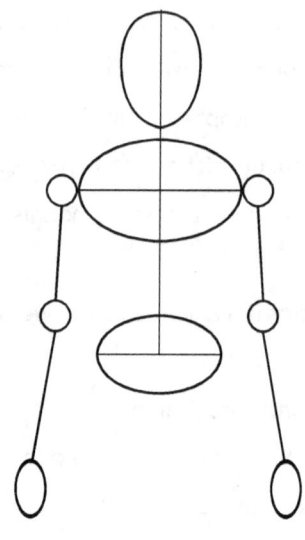

Beine und Füße

1. Die Oberschenkel, von oben Femur bis zum Knie, sie sind lang etwa zwei Köpfe.

2. Die Beine, vom Knie bis zum Knöchel, sie sind etwa zwei Köpfe lang.

3. Die Füße sind etwa halb so breit wie der Kopf.

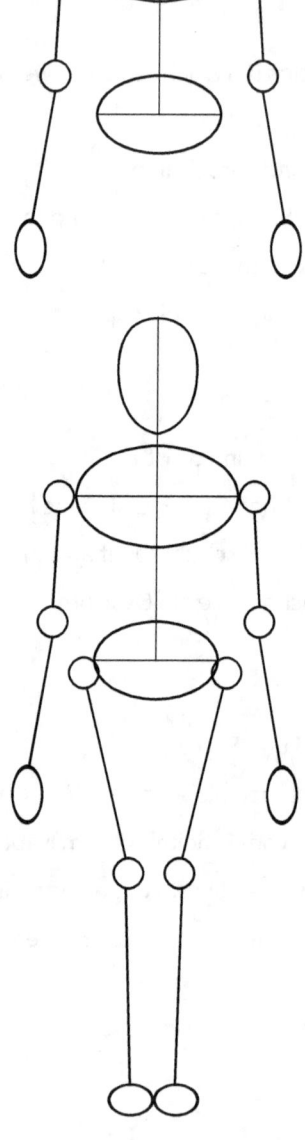

Schritte zum Zeichnen eines männlichen Körpers

Kopf und Wirbelsäule

1. Zeichnen Sie ein Oval für den Kopf.
2. Zeichnen Sie eine vertikale Linie
überquert die Mitte des Kreises und geht nach unten.
Dies wird die Führung für die Wirbelsäule sein.

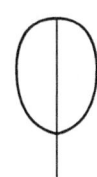

Becken- und Schulterlinie

1. Zeichnen Sie ein Oval für das Becken, positioniert
etwa vier Köpfe unterhalb der Oberseite des Kopfes.
2. Zeichnen Sie eine horizontale Linie für die Schultern,
Das wird ungefähr zwei bis drei Köpfe breit sein.

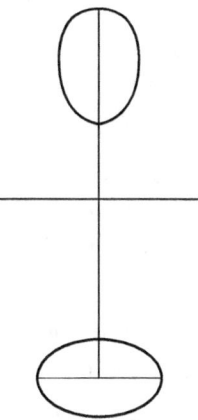

Brust

1. Zeichnen Sie zur Darstellung ein größeres Oval
der Brust, um die Schulterlinie.

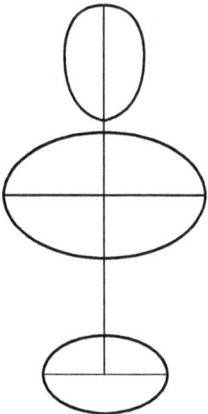

Arm

1. Zeichnen Sie die ausgestreckten Arme nach oben etwa dreieinhalb Köpfe von der Schulter entfernt.
2. Die Hände sollten lang sein etwa die Hälfte des Kopfes.

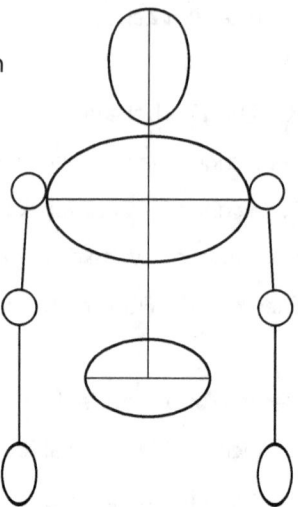

Beine

1. Die Oberschenkel, von oben Femur bis zum Knie, sie sind lang etwa zwei Köpfe.
2. Die Beine, vom Knie bis zum Knöchel, sie sind etwa zwei Köpfe lang.
3. Die Füße sind etwa halb so breit wie der Kopf.

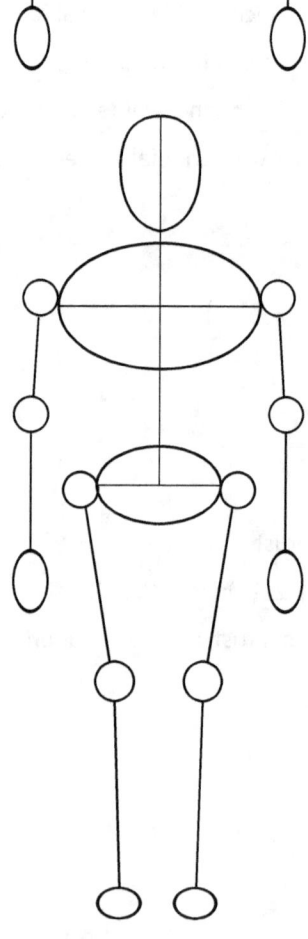

Strichmännchen zeichnen

Beim Strichmännchenzeichnen werden die Proportionen und Eigenschaften des menschlichen Körpers vereinfacht oder verändert, um eine einzigartige, stilisierte künstlerische Ästhetik zu schaffen. Dieser Ansatz ermöglicht es Künstlern, Konzepte oder Emotionen auf abstraktere und kreativere Weise auszudrücken und sich von traditionellen realistischen Darstellungen zu lösen. Strichmännchen können verwendet werden, um Fantasiefiguren zum Leben zu erwecken, symbolische Konzepte zu veranschaulichen oder einfach Zeichnungen Persönlichkeit zu verleihen.

Diese Art der Zeichnung ist ein künstlerischer Ansatz, der darin besteht, menschliche Formen oder Objekte auf vereinfachte und übertriebene Weise darzustellen, wobei häufig Proportionen und Details verzerrt werden, um eine wesentliche oder symbolische Interpretation der Realität zu schaffen. Dieser Zeichenstil wird häufig in der Kunst, im Grafikdesign, in der Animation und in der visuellen Kommunikation verwendet, um Konzepte, Emotionen oder Ideen auf unverwechselbare und originelle Weise auszudrücken. Beim Strichmännchenzeichnen versucht der Künstler, die Essenz oder Besonderheit eines Motivs einzufangen, indem er seine Merkmale auf einfache Formen und klare Linien reduziert. Dies kann die Eliminierung unwesentlicher Details, die Hervorhebung bestimmter physischer Merkmale oder die Verwendung geometrischer Formen und stilisierter Muster zur Darstellung des Motivs umfassen. Mithilfe von Strichmännchen können komplexe Konzepte unmittelbar und direkt kommuniziert werden, ohne dass der Betrachter mit überflüssigen visuellen Informationen überlastet wird. Diese Art von Design wird häufig zum Erstellen von Symbolen, Logos, Comics, Cartoons und Illustrationen zeitgenössischer Kunst verwendet. Beim Erstellen von Strichmännchen hat der Künstler die Freiheit, die Formen und Proportionen nach seinen Wünschen zu interpretieren und zu manipulieren und so einen einzigartigen und wiedererkennbaren Stil zu schaffen.

Dieser künstlerische Ansatz ermöglicht es Ihnen, Kreativität zu erforschen und mit neuen Ausdrucksformen zu experimentieren und so bei der Entwicklung eines zu helfen persönliche und unverwechselbare Bildsprache.

Das Zeichnen von Strichmännchen erfordert ein gutes Verständnis der Proportionen und der Grundstruktur des dargestellten Motivs sowie ein künstlerisches Gespür für die effektive Kommunikation durch vereinfachte Formen.

Dieser künstlerische Stil kann eine Inspirationsquelle und ein vielseitiges Mittel sein, um Kreativität zu entdecken und Ideen auf einzigartige und ansprechende Weise auszudrücken.

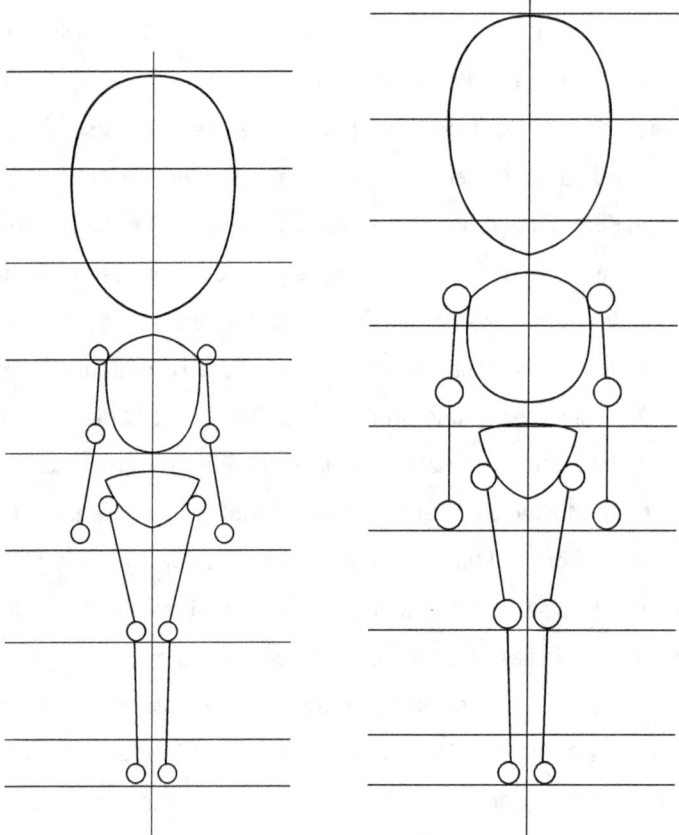

Beispiel einer weiblichen Strichmännchenfigur.   Beispiel einer männlichen Strichmännchenfigur

6.2 Untersuchung von Körperteilen

Die Untersuchung menschlicher Körperteile ist für Künstler von entscheidender Bedeutung, die die Struktur und Eigenschaften dieser Teile für verschiedene Zwecke verstehen möchten. Hier sind einige Schwerpunkte im Zusammenhang mit der Untersuchung menschlicher Körperteile.

Zeichnung der Hände, Füße und des Gesichts

Hände, Füße und Gesicht sind Körperteile, die aufgrund ihrer anatomischen Komplexität und der vielfältigen Ausdrucksmöglichkeiten oft schwer zu zeichnen sind. Künstler studieren sorgfältig die Proportionen, Details und Bewegungen dieser Teile, um realistische Porträts und Figuren zu schaffen.

Praktische Übungen für jeden Körperteil

Diese Übungen können Freihandzeichnungen, Proportionsstudien, Vermessungsübungen, schnelle Skizziertechniken, das Erlernen von Gesichtsausdrücken, Hand- und Fußbewegungen und mehr umfassen. Künstler können beispielsweise Übungen zum Zeichnen von Händen in verschiedenen Posen und Ausdrücken machen.

Um die Beherrschung des Zeichnens von Händen, Füßen und Gesicht zu verbessern, empfiehlt es sich, eine Reihe gezielter praktischer Übungen durchzuführen.

Hände

Um den Handrücken zu zeichnen, können wir die Unterteilung in zwei Hauptblöcke verwenden: die Handfläche/den Handrücken und die Finger. Indem wir einer einfachen geometrischen Struktur folgen, können wir sicherstellen, dass die Proportionen stimmen.

1. Zeichnen Sie den Handrücken

- Rückenform: Zeichnen Sie ein unregelmäßiges Sechseck, um den Handrücken darzustellen. Dieses Sechseck sollte oben (in der Nähe der Finger) breiter und unten (in der Nähe des Handgelenks) schmaler sein (Abb. 1).

2. Zeichnen Sie die Finger

- Positionierung der Finger: Teilen Sie den oberen Teil des Rückens in fünf Abschnitte, um die Fingerbasen darzustellen (Abb. 1).

- Fingergelenke: Zeichnen Sie die Finger als Segmente, die in einer Reihe von Linien ausgerichtet sind. Jeder Finger hat drei Phalangen (Segmente), mit Ausnahme des Daumens, der nur zwei hat (Abb. 1).

3. Fingerverfeinerung

- Fingerglieder: Fügen Sie Details zu den Fingern hinzu, indem Sie jeweils die drei Fingerglieder (Segmente) zeichnen. Der Daumen hat jedoch nur zwei Fingerglieder (Abb.2).

- Nägel: Fügen Sie Nägel als kleine gebogene Formen an der Spitze jedes Fingers hinzu (Abb. 2).

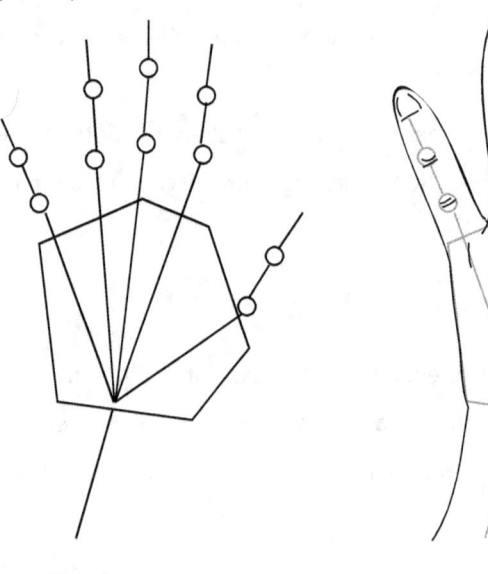

Abb. 1

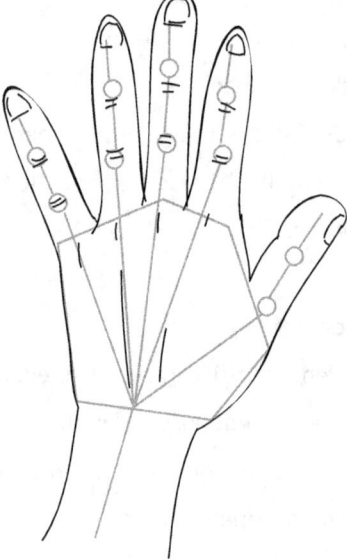

Abb. 2

1. Zeichnen Sie Ihre Handfläche

- Grundform: Zeichnen Sie ein unregelmäßiges Sechseck, das Ihre Handfläche darstellt. Die Ecken und Seiten müssen nicht vollkommen gleich sein; Wichtig ist, eine Form zu erhalten, die entfernt an ein Sechseck erinnert.
- Handflächenmitte: Markiert einen zentralen Punkt innerhalb des Sechsecks. Dies ist nützlich für die Positionierung der Finger und für die Darstellung des Rechtecks, das die Handwurzel darstellt (Abb. 1).

2. Zeichnen Sie die Finger

- Fingergelenke: Zeichnen Sie die Finger als Segmente, die in einer Reihe von Linien ausgerichtet sind. Jeder Finger hat drei Phalangen (Segmente), mit Ausnahme des Daumens, der nur zwei hat (Abb. 1).

3. Verfeinern Sie Ihre Finger und Ihren Daumen

- Fingerform: Fügen Sie eine Fingerform um die Linien hinzu. Denken Sie daran, dass die Finger an der Basis am breitesten sind und zur Spitze hin schmaler werden (Abb. 2).

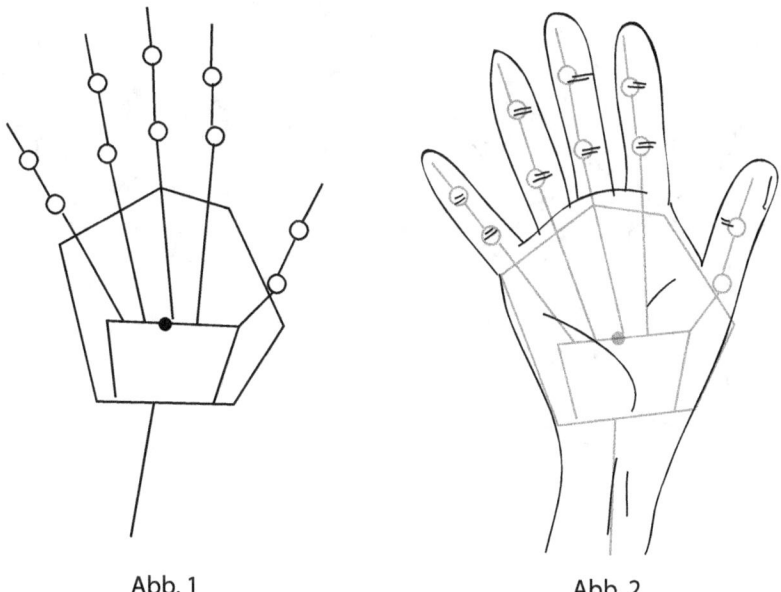

Abb. 1   Abb. 2

Üben Sie anhand dieser Strukturen, Ihre Hände in verschiedenen Positionen zu zeichnen.

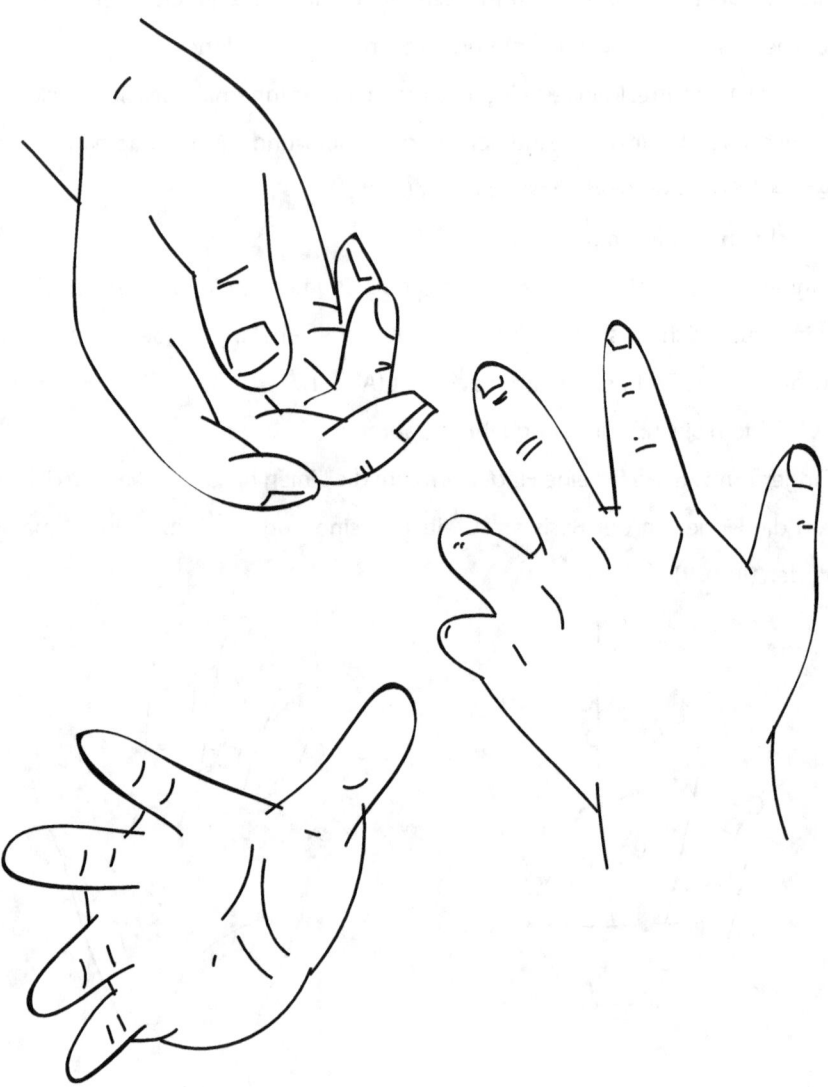

Füße

Ansicht von unten

Beim Zeichnen der Füße von unten betrachtet muss besonders auf die Polster geachtet werden, die die Gelenke schützen, sowie auf die allgemeine Form der Fußsohle. Im Folgenden werde ich Sie Schritt für Schritt durch den Prozess des Zeichnens von Füßen aus dieser Perspektive führen.

1. Zeichnen Sie die Grundform

- Grundform: Zeichnen Sie zunächst eine längliche, ovale Form, die die Form Ihres Fußes darstellt. Diese Form sollte zur Ferse hin schmaler und zu den Zehen hin breiter sein (Abb.1).

- In Abschnitte unterteilen: Teilen Sie das Oval in Abschnitte, die den Zehenbereich, das Fußgewölbe und die Ferse darstellen (Abb. 2).

2. Fügen Sie die Lager hinzu

- Fingerkuppen: Zeichnen Sie vorne kleine Ovale, um die Kuppen unter Ihren Fingern darzustellen (Abb. 2).

- Fersenpolster: Zeichnen Sie hinten ein großes Oval für das Fersenpolster (Abb. 2).

- Fußpolster: Ich zeichne ein Oval für das Fußpolster (Abb.2).

3. Detaillieren Sie die Bereiche

- Innenbereich: Hebt den Innenbereich des Fußes hervor, der den Boden nicht berührt, d. h. das Fußgewölbe (Abb. 3).

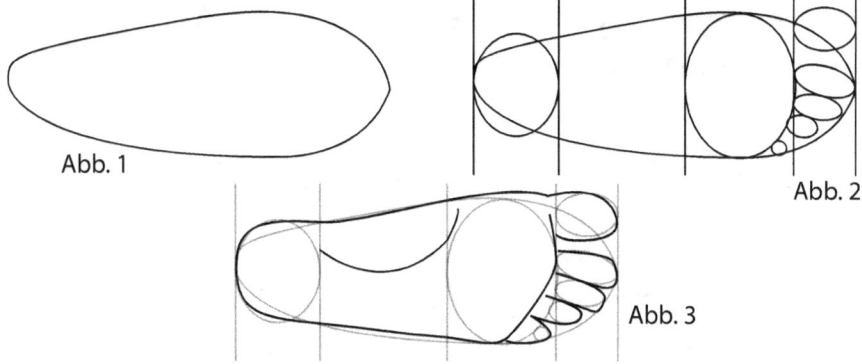

Ansicht von oben

Um Füße aus der Draufsicht zu zeichnen, müssen wir ihre Struktur und Form verstehen. Die Füße neigen dazu, sich zu den Zehen hin zu verbreitern und die Zehen sind in einem absteigenden Bogen ausgerichtet. Wir können den Fuß in drei verschiedene Volumen unterteilen: Tarsus, Metatarsus und Zehen. Darüber hinaus hat jeder Zeh drei Phalangen, mit Ausnahme der großen Zehe, die zwei hat.

1. Zeichnen Sie die Grundform

- Grundform: Zeichnen Sie zunächst eine längliche „birnenartige" Form, die Ihren Fuß darstellt. Der schmalste Teil stellt die Ferse und der breiteste Teil den Zehenbereich dar (Abb.1).

- In Abschnitte unterteilen: unterteilt die „Birne" in drei Abschnitte, um Fußwurzel, Mittelfuß und Zehen darzustellen (Abb. 2).

2. Fügen Sie Ihre Finger hinzu

- Finger: Zeichnen Sie einen absteigenden Bogen, der die Finger ausrichtet. Denken Sie daran, dass der große Zeh zwei Phalangen hat, während die anderen Zehen drei haben (Abb. 2).

- Fingersegmente: Zeichnen Sie Segmente für jeden Finger (Abb.3).

3. Detaillieren Sie die Bereiche des Fußes

- Tarsus und Mittelfußknochen: Fügen Sie Details zu den Volumina von Tarsus und Mittelfußknochen hinzu (Abb. 4).

- Finger: Verfeinern Sie die Form der Finger, indem Sie Gelenke und Fingerglieder hinzufügen (Abb. 4).

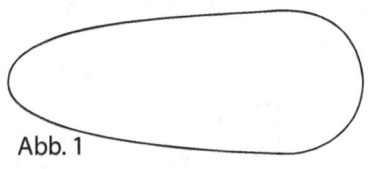

Abb. 1

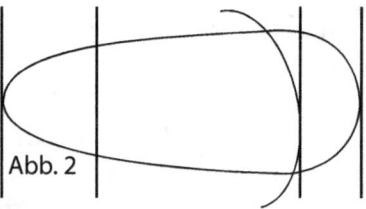

Abb. 2

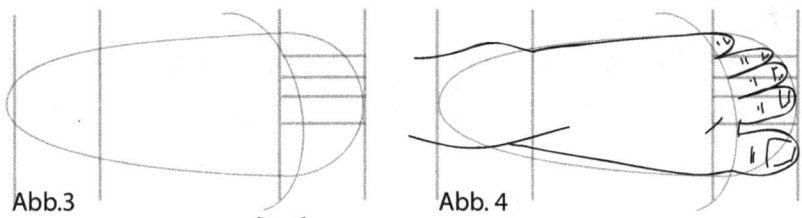

Abb.3 Abb. 4

Trainieren Sie, indem Sie diesen Strukturen folgen, indem Sie Ihre Füße in verschiedene Positionen bringen.

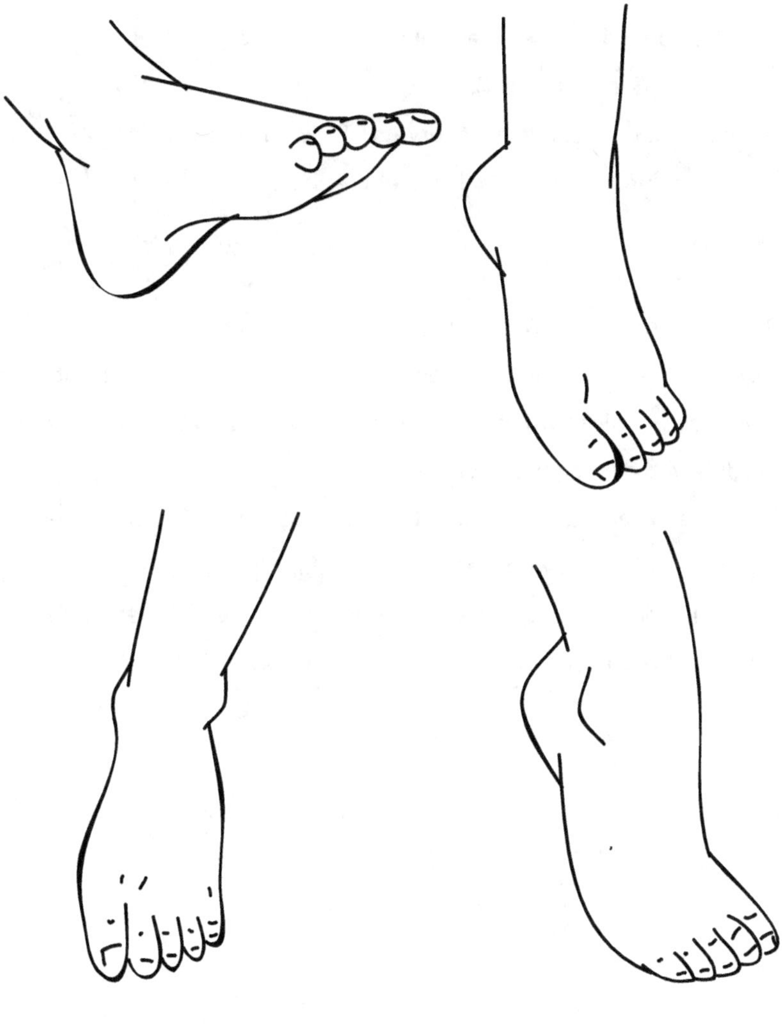

Gesicht

Das Zeichnen eines Gesichts in der Frontalansicht erfordert eine Grundstruktur, um die richtige Symmetrie und Proportionen sicherzustellen. Hier finden Sie eine Schritt-für-Schritt-Anleitung.

1. Zeichnen Sie die Grundstruktur

- Kopfkreis: Zeichnen Sie einen Kreis

stellt den oberen Teil des Kopfes dar (Abb.1).

- Kinnlinie: Verlängern Sie eine vertikale Linie vom Mittelpunkt des Kreises nach unten zu definieren die Länge des Gesichts (Abb.1).

- Fügen Sie zur Darstellung eine Kurve zur Basis hinzu das Kinn, wodurch eine Art Oval entsteht (Abb.2).

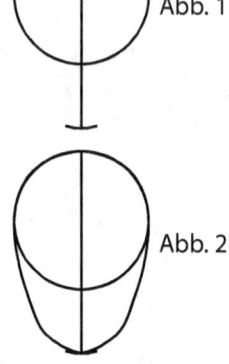

2. Richtlinien für Augen, Augenbrauen, Nase und Mund

- Augen- und Augenbrauenlinie: Teilen Sie das Oval mit einer horizontalen Linie in zwei Hälften. Dies wird die Augenlinie sein. Zeichnen Sie oben eine weitere Linie, dies wird die Augenbrauenlinie sein.

- Nasenlinie: Teilen Sie den unteren Teil des Ovals mit einer horizontalen Linie in zwei gleiche Teile. Dies wird die Nasenlinie sein.

- Mundlinie: Teilen Sie den unteren Teil des Ovals (unterhalb der Nasenlinie) mit einer horizontalen Linie weiter in zwei Teile. Dies wird die Mundlinie sein.

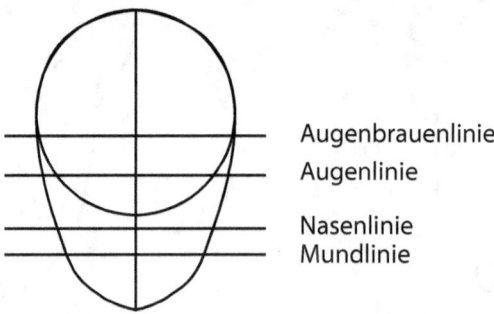

3. Positionieren Sie Augen, Nase und Mund
- Augen: Zeichnen Sie zwei Ovale entlang der Linien der Augen.
- Nase: Zeichnen Sie die Nase entlang der Nasenlinie, vertikal zentriert.
- Mund: Zeichnen Sie den Mund entlang der Linie des Mundes, wobei die Ecken zusammenfallen mit der Mitte der Augen.

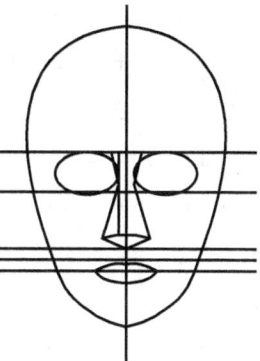

4. Positionieren Sie Ihre Ohren
- Ohren: Die Ohren werden zwischen den Ohren platziert Augenbrauenlinie und Nasenansatz.

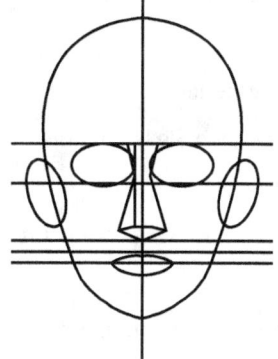

Zeichnen Sie ein Gesicht in der 3/4-Ansicht

Das Zeichnen eines Gesichts in der 3/4-Ansicht erfordert einen etwas anderen Ansatz als die Frontalansicht, da der Winkel des Gesichts berücksichtigt werden muss. Hier finden Sie eine Schritt-für-Schritt-Anleitung, die Ihnen bei der Erstellung Ihres Designs hilft.

1. Kopfform

Beginnen Sie mit einem hellen Kreis zur Darstellung
der Oberseite des Kopfes (Abb.1).
Zeichnen Sie eine gekrümmte vertikale Linie
Sie durchlaufen den Kreis, je nachdem, wie Sie es möchten
das Gesicht ist geneigt.
Diese Linie stellt die Achse des Gesichts dar (Abb.1).
Fügen Sie zur Darstellung eine Kurve zur Basis hinzu
das Kinn (Abb.1), wodurch eine Art Oval entsteht (Abb.2).
Dieses Oval wird die Basis sein, auf der gebaut werden soll
Rest des Gesichts.

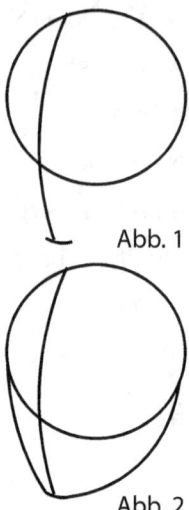

2. Augenlinie

Zeichnen Sie leicht eine horizontale Linie
Kurve, die den Kreis schneidet,
Platzieren Sie es oben, um die Position zu markieren
der Augen.
Denken Sie daran, dass in der 3/4-Vision die Linie von
Augen werden nicht perfekt horizontal sein,
aber leicht gebogen, um sich der Perspektive anzupassen.

3. Positionierung der Gesichtselemente

In Anbetracht des Winkels,
Zeichnen Sie Richtlinien für die Nase
und der Mund.
Die Nase wird seitlich positioniert
in Bezug auf die Mittelachse der Mund
wird der gleichen Logik folgen.

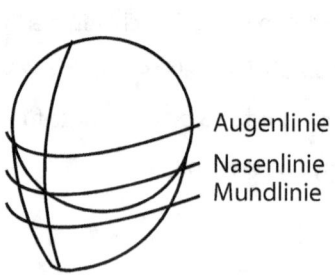

4. Augen und Ohr

Die Augen werden auf der Linie positioniert
der Augen, aber bedenken Sie, dass das Auge
Auf der sichtbaren Seite wird es größer und
detaillierter sein im Vergleich zum Auge auf
der gegenüberliegenden Seite.
Zeichnen Sie zur Darstellung ein Oval
Das Ohr wird ungefähr platziert
in der Mitte der Nasenlinie.

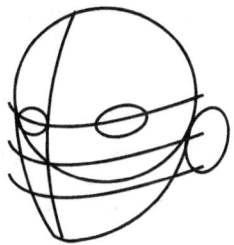

5. Details und Fertigstellung

Fügen Sie Details wie Augenbrauen hinzu,
Lippen und andere Besonderheiten
des Gesichts. Stellen Sie sicher, dass Sie
das betonen Tiefe durch Töne und
Schatten um die Form des Gesichts
zu definieren und zu rendern
die 3/4-Perspektive ist realistisch.

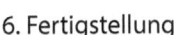

6. Fertigstellung

Überprüfen Sie, ob die Proportionen stimmen und die Zeichnung den gewünschten Winkel wiedergibt. Nehmen Sie alle notwendigen Anpassungen vor, um die Perspektive auszugleichen und sicherzustellen, dass das Gesicht konsistent und proportional aussieht.

6.3 Figuren bewegen

Dynamische Posen zeichnen

Das Zeichnen dynamischer Posen ist ein wesentliches Element für die künstlerische Darstellung menschlicher Bewegung. Schauen wir uns einige wichtige Punkte an, die dieses Thema weiter vertiefen.

Ausdruck der Bewegung
Dynamische Posen ermöglichen es Künstlern, die Aktion und Energie menschlicher Figuren auf eine Weise einzufangen, die ein Gefühl von Bewegung und Lebendigkeit vermittelt. Die Linien und Formen der Zeichnung werden verwendet, um Fließfähigkeit und Dynamik auszudrücken und dem Betrachter ein immersives visuelles Erlebnis zu bieten. Durch einstudierte und gut ausgearbeitete Posen können Künstler Werke schaffen, die ein Gefühl von Aktion und Vitalität vermitteln.

Studium der Bewegung des menschlichen Körpers
Ein grundlegender Aspekt beim Zeichnen dynamischer Posen ist die eingehende Untersuchung der Bewegung des menschlichen Körpers. Künstler verbringen Zeit damit, die Art und Weise zu beobachten, wie sich der Körper bei verschiedenen Aktivitäten und Situationen bewegt. Diese Studie hilft ihnen, die Fließfähigkeit der Bewegung zu verstehen und sie in ihren Zeichnungen genau darzustellen. Direkte Beobachtung, das Studium von Fotos oder Videos und die detaillierte Analyse von Körperbewegungen sind Methoden zur Verbesserung der Bewegungsdarstellung.

Spannung und Bewegung erzeugen
Dynamische Posen sind in der Lage, seinen Betrachtern Spannung, Action und Emotionen zu vermitteln. Durch den Einsatz von Linien, Schattierungen und Kontrasten können Künstler visuelle Kompositionen schaffen, die das Gefühl von Bewegung und Energie wirkungsvoll vermitteln.

Die Wahl der Körperhaltungen, Schwerpunkte und Ausdrücke kann dazu beitragen, menschliche Figuren realistischer und ansprechender zu gestalten und so die Aufmerksamkeit des Betrachters zu fesseln.

Studium der Bewegung und des Gleichgewichts
Das Studium der Bewegung und des Gleichgewichts ist unerlässlich, um den menschlichen Körper genau und realistisch darzustellen. Hier sind einige wichtige Punkte, die tiefer in dieses Thema eintauchen.

Bewegungs- und Raummanagement
Um dynamische und realistische Darstellungen zu erstellen, ist es wichtig, sich mit den Prinzipien der Bewegung und des Raummanagements vertraut zu machen. Das Wissen darüber, wie sich der Körper im dreidimensionalen Raum bewegt, die Bewegungsrichtung, der Rhythmus und die Fließfähigkeit der Gesten sind entscheidende Aspekte, um das Wesen der Bewegung in Kunstwerken einzufangen. Das Verständnis, wie man das Gewicht verteilt und das Gleichgewicht durch die richtige Haltung aufrechterhält, trägt zur Glaubwürdigkeit und Natürlichkeit bewegter Figuren bei.

Muskelkraft und Anspannung
Das Verständnis der Muskelspannung und Muskelkontraktion während der Bewegung ist entscheidend, um die gezeichneten Figuren zum Leben zu erwecken. Künstler müssen untersuchen, wie Muskeln bei verschiedenen Aktionen und Posen aktiviert und entspannt werden, um Muskelspannung und Bewegungsenergie genau darzustellen. Wenn Sie wissen, welcher Muskel für eine bestimmte Aktion verantwortlich ist, wird die Darstellung glaubwürdiger und realistischer.

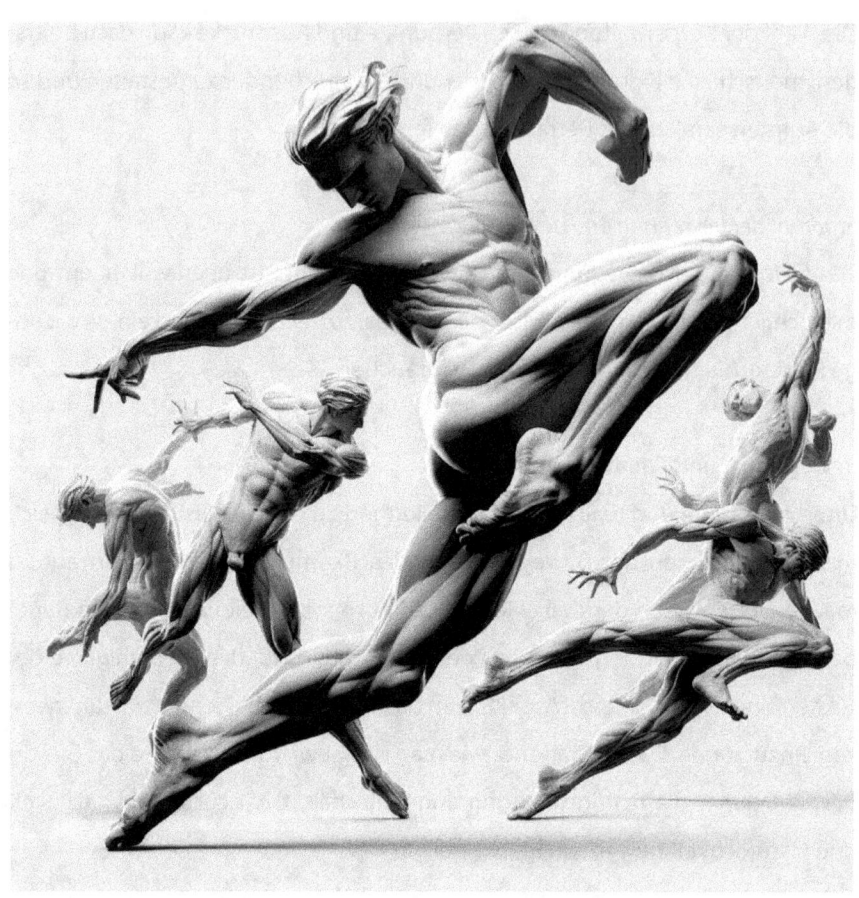

Durch praktische Übungen, anatomisches Studium und die Beobachtung von Menschen in Bewegung können Künstler ihre Fähigkeiten beim Zeichnen dynamischer Posen und der Darstellung von Bewegung und Gleichgewicht in ihrer Kunst verbessern. Durch die Kombination von Kreativität mit einem soliden Verständnis der Bewegungsmechanik können Werke geschaffen werden, die den abgebildeten Figuren Energie, Emotionen und Leben vermitteln und so die Qualität und Wirkung künstlerischer Kreationen steigern.